思索
사색은 나라를 생각하고[思], 나를 찾자[索] 라는 뜻이다.

하루를 사는 사람

김흥호 사상 전집 · 기독교 설교집 5

# 하루를 사는 사람

김흥호

사색

## 머 리 말

   사람은 어제를 사는 것도 아니고, 오늘을 사는 것도 아니고, 내일을 사는 것도 아니다. 사람은 하루를 산다. 아침을 살고, 대낮을 살고, 저녁을 살고, 밤을 산다. 어제를 그리며 사는 것도 아니고, 내일을 위해서 사는 것도 아니고, 오늘에 쫓기며 사는 것도 아니다. 하루를 사는 것뿐이다.

   하루 속에는 아침과 저녁이 있을 뿐, 어제와 내일은 없다. 하루 속에는 지혜와 사랑이 있을 뿐, 삶과 죽음은 없다. 하루 속에는 진리와 생명이 있을 뿐, 몸과 마음은 없다. 하루 속에는 어짐과 옳음이 있을 뿐, 있음과 없음이 없다.

세상에 새 물이 있을 리가 없지만 아무리 더러운 물이라도 땅속을 오랫동안 거쳐 나오면 어느새 새 물이 되는 법이다. 일체 의식적인 것이 끊어져 버리고, 오랫동안 무의식의 세계를 헤매고 가다가 초의식의 세계로 터져 나올 때 어제니 오늘이니 내일이니 하는 것이 다 떨어져 나가고, 오직 하나의 하루살이가 시작되는 것이다.

마치 깊은 단잠을 자고 깨는 젊은이처럼 사람에게는 깊은 생각에 잠겨 자기가 있는지 없는지도 잊어버리고, 자기가 사는지 죽는지도 모를 정도로 살아가고 있을 때가 있는 법이다. 얼핏 보면 바보 같기도 하고, 어떻게 보면 위대한 것 같기도 하지만 그러나 그런 것과는 아무 상관도 없다.

오직 하나의 삶을 찾아서 가고 또 가고 찾아가다가, 나중에는 가는 데 지쳐 가는 줄도 모르고 가고 있을 때, 돌연 바위가 터지고, 인연이 끊어지고, 꽃과 잎이 떨어지고, 몸과 마음이 떨어져 나간 후 하나의 참삶으로 터져 나온다. 낡은 세상을 깨쳐 버리고 새로 나온 새 사람, 그것이 하루살이다. 하루를 사는 것 뿐이다.

하루 속에는 삶도 없고, 죽음도 없고, 몸도 없고, 마음도 없다. 다만 일체의 상대가 끊어져 버리고 하나의 절대가 빛날 뿐이다. 인생은 본래 하루살이다. 하루살이가 하늘 살이요, 하늘 살이가 하루살이다.

1983년 10월

김흥호

차 례

머리말      4

## 제1부 1980년 설교

나라와 의義      12
마태 6:25~34

원수를 사랑하라      27
마태 5:43~48

민족의 꽃      43
마태 4:12~17

기쁜 부활      57
요한 11:17~27

무지개      72
마태 18:1~5

## 제2부 1981년 설교

불      90
요한 16:33

영생      104
요한 17:3

| | |
|---|---|
| 날개<br>요한 17:16~17 | 117 |
| 산<br>마태 5:3~10 | 129 |
| 물<br>마태 5:3~10 | 149 |
| 배[船]<br>마태 5:13~16 | 162 |
| 주기도문<br>마태 6:7~14 | 174 |

## 제3부 1982년 설교

| | |
|---|---|
| 요한 웨슬리<br>요1 4:16~21 | 188 |
| 교회<br>살전 5:16~18 | 203 |
| 무한과 허무 사이<br>에베 3:14~19 | 216 |

일러두기

1. 이 책은 『하루를 사는 사람』 (이화여자대학교 출판부, 1984)에서 1980년과 1981년, 1982년의 설교들로 묶은 것이다.
2. 책의 제목과 설교의 제목, 성경의 인용은 당시에 저자 자신이 정했던 것으로 그대로 두었다.
3. 맞춤법, 띄어쓰기, 외래어 표기는 현재 상용되는 〈한글 맞춤법 규정〉과 국립국어원의 『표준국어대사전』에 준하여 새로 교정을 보았다.
4. 이 설교집의 교정은 양옥남 선생이 맡아 주었다.

# 제 1 부
1980년 설교

우리가 나라를 빛내면

나라는 우리를 빛내줍니다.

우리가 빛나는 길은

다른 길이 없습니다.

나라를 빛냄으로 말미암아

우리가 빛나는 것이지

그냥 내가 빛나자고 해서는

안 된다는 것입니다.

# 나라와 의義

1980년 3월 2일

마태복음 6:25~34

너희는 먼저 하나님의 나라와 하나님께서 의롭게 여기시는 것을 구하라. 그러면 이 모든 것도 곁들여 받게 될 것이다.

오늘은 3·1절 기념 예배이므로 작년에 김동길 선생님이 번역한 독립선언문을 읽겠습니다.

독립선언서

우리는 여기에 우리 조선이 독립된 나라인 것과 조선 사람이 자주하는 국민인 것을 선언합니다. 이것으로써 세계 모든 나라에 알려 인류가 평등하다는 큰 뜻을 밝히며, 이것으로써 자손만대에 일러 겨레가 스스로 존재하는 마땅한 권리를 영원히 누리도록 합니다.

반만 년 역사의 권위를 의지하고 이것을 선언하는 터이며, 2천만 민중의 충성을 모아 이것을 널리 알리는 터이며, 겨레의 한결같은 자유 발전을 위하여 이것을 주장하는 터이며, 사람된 양심의 발로로 말미암은 세계 개조의 큰 기운에 순응해 나가기 위하여 이것을 드러내는 터이니, 이는 하늘의 명령이며, 시대의 대세이며, 온 인류가 더불어 같이 살아갈 권리의 정당한 발동이므로 하늘 아래 그 무엇도 이것을 막고 누르지 못할 것입니다.

낡은 시대의 유물인 침략주의·강권주의의 희생을 당하여, 역사 있은 지 여러 천 년에 처음으로, 다른 민족에게 억눌려 고통을 겪은 지 이제 10년이 됩니다. 우리가 생존권마저 빼앗긴 일이 무릇 얼마며, 정신의 발전에 지장을 입은 일이 무릇 얼마며, 겨레의 존엄성이 손상된 일이 무릇 얼마며, 새롭고 날카로운 기백과 독창성을 가지고 세계문화의 큰 물결에 이바지할 기회를 잃은 일이 무릇 얼마입니까.

오! 예로부터의 억울함을 풀어 보려면, 지금의 괴로움을 벗어나려면, 앞으로의 두려움을 없이 하려면, 겨레의 양심과 나라의 도의가 짓눌려 시든 것을 다시 살려 키우려면, 사람마다 제 인격을 옳게 가꾸어 나가려면, 불쌍한 아들딸에게 부끄러운 유산을 물려주지 않으려면, 자자손손이 길이 완전한 행복을 누리게 하려면, 우선

급한 일이 겨레의 독립인 것을 뚜렷하게 하려는 것입니다.

  2천만 각자가 사람마다 마음속에 칼날을 품으니 인류의 공통된 성품과 시대의 양심이 정의의 군대가 되고, 인륜과 도덕이 무기가 되어 우리를 지켜주는 오늘, 우리가 나아가 이것을 얻고자 하는데 어떤 힘인들 꺾지 못하며, 물러서 계획을 세우는데 무슨 뜻인들 펴지 못하겠습니까.

이제 읽은 것까지가 절반인데 지금 읽은 것보다 조금 긴 것이 또 있고, 마지막에 공약 3장이라고 해서 세 조목이 있습니다. 내가 읽은 것은 세 절을 읽었는데, 이것이 전반부에 해당하고, 그다음에 또 세 절이 있는데 후반부에 해당합니다. 그리고 마지막에 공약이 세 개가 있으니까 전부를 다 합치면 셋·셋·셋, 아홉으로 구성되었습니다. 삼·삼이라는 게 많이 들어가 있어서 대표를 뽑을 때도 33인을 뽑았습니다. 그런데 그 대표 33인을 보면 16명이 기독교인이고, 15명이 천도교인이고, 2명이 불교인입니다. 불교에서 2명이 나왔는데 나머지 31인은 기독교인과 천도교인이지요.

  여러분도 다 아시다시피 2월 8일에 동경에서 학생들이 데모를 했습니다. 그리고 국내에 있는 기독교인 학생들이 데모를 하려고 준비를 하다가 어른들이 하는 이 독립운동을 같이 하자는 제의에 결국은 함께 하게 되었는데, 물론 시작은 천도교에서 했습니다. 맨 처음에 '조선민족 대표 손병희'라는 말이 나오잖아요. 의암 손병희 선생이 시작을 했습니다. 그러나 나중에 거의 막다른 골목에 가서 조금 흔들릴 때도 있었습니다.

그때 기독교의 대표는 남강 이승훈 선생이셨습니다. 이승훈 선생은 평북 오산학교의 설립자이십니다. 이승훈 선생이 설립을 해서 초대 교장을 했는데, 그다음 교장이 조만식 선생이셨고, 그다음이 함석헌 선생이 늘 자기의 선생님, 선생님 하는 유영모 선생이란 분이십니다. 유영모 선생이 교장일 때 함석헌 선생이 4학년 학생이었고, 춘원 이광수 선생도 거기서 학생들을 가르쳤습니다.

오산학교의 초대 교장이고 장로이던 남강 이승훈 선생이 기독교를 대표하여 주동이 된 것입니다. 천도교가 조금 흔들릴 때 남강 선생이 손병희 선생을 찾아가서 "만일 천도교가 하지 않으면 우리 기독교 단독으로라도 하겠다"는 말을 해서 기운을 좀 낸 때가 있었습니다. 그러니까 시작은 천도교에서 했지만 그 주동적인 역할은 기독교에서 했다고 보아야 되겠습니다.

천도교의 대표는 손병희 선생이지만 실제로 일한 사람은 최린 선생이셨습니다. 이승훈 선생이 만나서 같이 일한 분은 늘 최린 선생이었다고 합니다.

불교계의 대표는 만해 한용운 선생이었는데 공약 3장이 한용운 선생의 글이라는 것은 우리가 대개 알고 있습니다.

그러니까 독립선언서에서 이제 읽었던 부분이 천도교의 내용이고, 다음 시간에 이야기하려는 후반부가 기독교의 내용이고, 그리고 마지막의 공약 3장은 불교적 내용이라고 볼 수 있습니다. 독립선언서를 전체적으로 나누면, 지금 내가 말한 바와 같습니다.

그래서 오늘은 제가 천도교적인 내용을 말하고, 그다음 시간에는 우리 기독교적인 내용을 말하고, 한 시간 더 불교적인 내용을 해야 될 텐데 교회에서 불교적인 것을 해도 되겠는지를 몰라서 그것은 생략하려고 합니다.

천도교적인 내용이란 별것이 아니라 한마디입니다. 최남선 씨가 문장가여서 수식을 하고 수식을 해서 아름답게 길게 썼지만 사실 말하고자 하는 것은 첫 한 줄밖에 없습니다. 즉 '그 나라와 그 의'라는 마태복음 6장 33절 말씀입니다. 마태복음 6장은 오늘도 읽고, 이전 주일날도 읽었고, 그 전전 주일날도 또 읽었습니다. 그래서 이번엔 다른 것을 읽을까 생각했는데, 그래도 읽어야지 어떻게 하겠습니까. '그 나라와 그 의' 물론 '그'라고 하는 것은 '하나님 나라와 하나님의 의'지요. 그런데 천도교에서 나올 때는 '그' 자가 빠진 '나라와 의'를 뜻합니다.

그런데 이승훈 선생이 그 당시의 기독교의 지도자들한테 우리도 하자고 제의할 때 반대하는 사람이 참 많았습니다. 그런데 그들의 반대하는 이유가 "우리는 '그 나라와 그 의'를 구하면 되지, '나라와 의'를 문제 삼을 필요가 없지 않은가" 하였더랍니다. 그러자 이승훈 선생이 "'나라와 의'도 없는데 '그 나라와 그 의'가 어디 있는가"라고 야단을 치자, 다들 아무 말도 못하고 그를 따라서 3·1 운동을 하게 된 것입니다. 이승훈 선생의 "나라와 의도 없는데 그 나라와 그 의가 어디 있느냐"라는 말은 아주 유명한 말입니다. 우리는 오늘 이것을 생각해봐야 됩니다.

천도교의 내용은 '나라와 의'라는 것인데, 이것을 천도교식으로 말하면 '보국안민輔國安民'이란 말입니다. 보호한다는 보輔와 나라 국國과 편안할 안安 자와 백성 민民 자를 쓰는데 보국안민의 내용은 바로 독립선언서의 첫 줄에 나옵니다. '국가의 독립과 민족의 자주'가 그것입니다. "우리는 여기에 우리 조선이 독립된 나라인 것과 조선 사람이 자주하는 국민인……" 국민이라고 했는데, 원문엔 아마 민족이라고 되어 있습니다.

그러면, '나라'란 무엇인가. 독립한 것이 나라입니다. 독립 못하면 나라라고 할 것이 있습니까. 독립한 것이 나라라면, 국민 — 겨레라고 해도 좋은데 — 이란 무엇인가. 자주自主할 수 있어야 겨레입니다. 자주할 수 없다면 무엇이 국민이겠습니까. 무엇이 겨레겠습니까. 무엇이 또 사람이겠습니까. 성경에 의義라고 하면 자주自主하는 것을 가리킵니다. 성경에 보면 믿음으로 의로움을 얻는다고 했는데, 그 말은 믿음으로써 자주하는 사람이 된다는 것입니다.

자주란 또 자기가 자기를 지배할 수 있다는 말입니다. 내가 나의 주인이란 말입니다. 만약 자기가 자기의 주인 노릇을 하지 못한다면 그것이 사람이겠습니까. 자기의 주인 노릇을 할 수 있고, 자기 일은 자기가 할 수 있는 사람들이 겨레요 국민이지, 그것을 못해서 남한테 질질 끌려 다니며 이래라 저래라 시키는 것을 해야 되는 사람은 소나 말이지 사람이라고 말할 수 없잖습니까. 사람이라면 그래도 자기 일은 자기가 할 줄 알아야 합니다. 의義라고 하면 자주自主할 줄 아는 것, 자기가 자신의 주인 될 수 있는 게 의義입니다.

또 나라라고 하면 자기 발로 자기가 선 것이 나라입니다. 그래서 그때 마지막에도 그런 게 있잖습니까. 최남선이 그랬나요? "아, 이제 우리가 이렇게 하면 윌슨의 '민족자결주의'가 있었으니까 외국인들이 꼭 우리를 도와줄 겁니다." 이 말을 듣고 손병희 선생이 막 야단을 쳤답니다. "아직도 너희 머릿속에 외국 사람의 도움을 받을 생각뿐인가. 그러면서 무슨 독립을 하겠다는 것인가. 하려면 우리가 하고 우리가 서는 것이지, 외국 사람의 도움이야 있건 없건 우리가 하는 것이지"라고. 마지막까지 제 힘으로 서야 하지, 무슨 외국 사람이 돕긴 뭘 돕겠습니까.

그리고 마지막에, 누가 선언을 먼저 하느냐. 누가 도장을 먼저 찍을 것인가. 우리 기독교에서 먼저 찍을 것인가. 천도교에서 먼저 찍을 것인가. 이런 것이 문제가 되자, 이승훈 장로가

"이거 뭐 살자는 것인 줄 아느냐. 이것도 감투라고 생각하느냐. 우리가 감투 쓰자고 이러는 것이 아니다. 여태껏 우리가 감투 쓰자고 다투다가 망한 것이 아닌가. 지금 이것은 우리가 감투 쓰자는 것이 아니고 죽자는 것이다. 우리 33인은 다 죽는 건데 죽을 때 먼저 죽으면 어떻고, 나중에 죽으면 어떤가. 의암 손병희 선생 먼저 찍으세요." 그래서 의암이 먼저 찍었습니다. 그러니까 이승훈 선생 같은 이한테는, 그들의 결의는 죽음을 각오하고 하자는 것이었습니다.

우리 33인이 죽으면 그 가족을 어떻게 할 것인가 하여, 이승훈 장로가 손병희 선생과 의논한 즉 "우리가 죽으면 다만 몇 해라도 가족들에게 쌀이라도 대어 줘야 될 게 아닌가" 하면서 손병희가 이승훈에게 5만 원을 주었다고 합니다. 그 당시 5만 원이면 잘은 모르겠지만 요새 돈으로 5억 원 정도 준 것이 됩니다. 이 돈으로 "33인의 가족들이 당분간이라도 살 수 있도록 하라"고 했답니다.

그 사람들의 생각은 다 죽을 각오를 하고서 한 것이지 나중에 감투 쓰자는 것이 아닙니다. 그러니까 이 나라와 의란 독립된 나라와 자주하는 국민, 즉 독립과 자주를 뜻합니다. 그런데 나중에 천도교인은 "천도교인끼리 하자" 기독교인은 "기독교인끼리 하자"는 문제도 있었지만, 이승훈, 손병희 두 분께서 "안 된다. 같이 해야 된다"고 말린 것입니다.

천도교를 시작한 최수운 선생이 목 베여 죽임을 당했는데 그때 그분 나이가 41세였습니다. 41세면 한창 나이 아닙니까. 그런데 죽을 때 기독교인으로 몰려 죽었으며 그 당시 사람들은 최수운을 다 기독교인으로 알았다고 하니, 그런 것을 보면 최수운이 얼마나 기독교적이었는가 알 수 있습니다.

최수운의 가장 중요한 사실은 하나님과 만나는 자리인데 그때 최수운이 묻는 첫마디가 "기독교를 가지고 이 나라를 구원하리까" 하였답니다. 최수운이란 사람이 기독교를 얼마나 파고 들었던가를 알 수 있잖아요. 최수운은 기독교의 핵심을 임마누엘이라고 보았습니다.

마태복음 1장 23절 "하나님이 우리와 함께 계신다." 기독교의 핵심은 임마누엘입니다. 그래서 천도교에서 늘 외우는 글이 "지기금지 원위대강 至氣今至 遠爲大降" — 우리 기독교식으로 말하면 "성령이여, 강림하사"라는 말입니다. 그다음 말은 시천주 侍天主입니다. 그때 기독교가 들어와서 하나님을 천주라고 그랬는데, 즉 천주교란 이야기입니다.

그때는 아직 프로테스탄트는 들어오지 않았고 천주교가 들어왔을 때인데, 천주교가 들어와서 하나님을 천주님이라고 했거든요. 그러니까 임마누엘을 최수운은 시천주 侍天主라고 번역했습니다. 하나님을 모신다는 것입니다. 이 사람들의 맨 처음 나오는 말이 시천주인데 그것이 임마누엘이란 말입니다. 그다음에 조화정造化定이라든가, 영세불망 만사지永世不忘 萬事知라든가 하는 말이 또 있는데, 가장 핵심은 시천주란 말이지요.

그러면 왜 이 사람이 기독교도가 되지 못했나. 그것은 그 당시의 천주교가 세 가지 약점을 가지고 있었기 때문입니다. 세 가지 약점이란 첫째, 가톨릭은 국가 의식이 없다는 것입니다. 가톨릭에는 법왕이 있고, 그 밑에 다 있잖아요. 국가 의식이 없습니다. 그러니까 소위 이 국가 의식을 가지고 나오는 게 프로테스탄트 아니겠습니까. 가톨릭이란 세계 공동 교회지요. 유니버설한 것입니다.

거기 대해서 루터가 "나는 예수를 믿어도 독일 사람으로 예수를 믿겠다"고 했습니다. 그전까지는 성경을 본다 하면 라틴어로 보았지 어디 독일어가 있었습니까. 루터가 맨 처음 한 일은 성경을 독일어로 번역하는 것이었고, 루터를 도와준 사람도 독일의 정치인들이었습니다. 독일의 권력자들이 싸고 돈 것입니다. 그렇지 않으면 루터가 맞아 죽었지 어디 견디었겠습니까. 그러니까 이 프로테스탄트 속에는 국가의식이 있다 이겁니다.

그런데 그때 가톨릭이 들어왔을 때가 '어떻게 하면 이 나라를 구원하나' 인데 가톨릭에서는 나라와 국가의식이 없다는 것이 문제라는 것입니다.

둘째, 가톨릭 선교사들이 타고 온 배가 소위 동양을 침략하는 침략선을 타고 왔다는 것입니다. 그러니까 천사와 악마가 같이 타고 왔다는 말도 우리가 하고 있잖습니까. 배를 타고 온 사람들이 한쪽에선 사람들을 죽이고, 한쪽에선 전도하는 것이 아니겠습니까. 그러니까 어떻게 예수를 믿으면서 침략자가 될 수 있는가 하며 최수운은 도저히 이해할 수가 없었습니다.

셋째, 가톨릭은 한국의 전통을 무시한다는 것입니다. 종교가 들어와서 뿌리를 박으려면 이 나라 전통에 뿌리를 박아야지 이 전통을 무시한다면 말이 되겠느냐. 그래서 최수운은 도저히 천주교도가 될 수 없었고, 우리 전통과 우리 국가와 우리의 생각으로 복음을 받아들일 수는 없을까. 그래서 주체의식을 가지고 복음을 받아들인 것이 천도교였습니다.

그런데 이 천도교가 마지막에는 자꾸 나뉘어지고 일본 사람들의 탄압으로 인해서 나중에는 거의가 계룡산으로 들어가게 되었습니다. 그래서 거의 유사종교가 되어서 나중에는 백백교가 다 나오고 별게 다 나왔습니다. 이제 그렇게 돼서 우리가 많은 동정을 하기는 하지만, 본래 천도교를 시작한 최수운의 생각은 참 똑똑한 것이었습니다. 정말 어떻게 하면 나라를 구하나, 그 생각을 가지고 나온 사람입니다.

이런 말 자꾸 해서 시간이 많이 갔는데 하여튼 이걸 한마디로 말해보면 나라와 의라는 것이 무엇인가. 우선 시간을 줄이기 위해서 예술을 한번 생각해 봅시다. 음악도 좋고, 미술도 좋고, 무용도 좋고, 문학도 좋고, 그런 것을 다 합친 것을 연극이라고 한번 가정해 봅시다. 아주 아름다운 극장에서 좋은 배우들이 나와서 연극을 하고, 많은 사람들이 연극을 본다고 할 때에, 그 연극을 만드는 사람들이 있어야 되겠지요. 극작가 마음대로 연극을 만드는 것입니다. 시대와 장소와 배경을 자기 마음대로 만드는 것입니다. 그러니까 어떤 극작가는 한꺼번에 여러 연극을 만들 수도 있습니다. 연극이 아니라 소설도 마찬가지입니다.

옛날 중학교 때에 들은 이야기인데 찰스 디킨즈라는 사람이 장편소설을 한꺼번에 여덟 편인가 다섯 편인가를 썼다고 들었는데 그 소설들이 각각 특색 있고 같은 데가 하나도 없었다고 합니다. 그 말은 뭘 뜻하는가 하면 그 작가는 세계를 창조해 가고 있다는 것입니다. 그래서 작가란 창조주 하나님과 비슷한 데가 있습니다.

연극을 하려면 연출가가 있어야 하고, 명배우가 있어야 하는데, 명배우란 거지 역을 맡으면 거지 역을 멋있게 할 수 있고, 왕 역을 맡으면 왕의 역을 또 멋있게 할 수 있고, 또 무엇이든 맡겨지는 역을 다 잘 할 수 있는 사람입니다. 그렇지 않습니까. 만약 어떤 사람이 왕만 하고 다른 역할은 통 못한다면 명배우라고 말할 수 없습니다. 배우의 특징은 무엇을 맡겨도 능히 해낼 수 있는 사람이 배우입니다. 그게 인카네이션(incarnation, 化身)이란 것이지요. 말씀이 육신이 되었다는 것입니다.

그러니까 왕의 탈을 씌우면 왕이 되고, 거지의 탈을 쓰면 거지가 되고, 무엇이든지 하라고 하면 멋있게 하는 것입니다. 왕이 되었다고 뽐낼 것도 없고, 거지가 되었다고 창피할 것도 없습니다. 그게 하나의 역役이니까요. 연극에선 거지면 거지로서 멋있게 하면 되고, 대통령이면 대통령으로서 멋있게 하면 되는 것이지, 대통령이 되어서도 시시하게 한다든가, 거지가 되어서도 시시하게 한다든가 하면 안 되는 것입니다.

그러니까 언제나 탈하고 나하고는 떨어져 있어야 합니다. 집에 오면 나이고, 무대에선 대통령이 되어야 합니다. 그러니까 마스크란 페르소나(persona), 즉 인격이란 말인데 인격이란 본래 탈이란 말입니다. 능히 벗으면 벗을 수 있는 것을 탈이라고 합니다. 우리가 그리스도라고 하는 것을 사람이면서 신이라 합니다. 사람의 탈을 쓰면 사람이 되고, 벗으면 신이지요. 여기서 인카네이션이라고 하는 깊은 뜻이 있습니다.

또 우리에게 가장 가까운 연극이 제일 인기가 있습니다. 서양에서 아무리 유명한 연극을 가져다 놓아도 우리에게는 별로 인기가 없을 때가 있는데, 그것은 우리가 잘 알지 못하는 것이기 때문입니다. 우리가 제일 좋아하는 것은 「춘향전」입니다. 다 아는 이야기일 때 더욱 인기가 있는 것입니다.

여기 시어머니 역도 멋지게 하고, 며느리 역도 멋지게 하는 배우들이 있어서, 시어머니가 몹시 며느리를 구박하여 며느리가 막 우는 장면에 이르면 그것을 보는 우리도 어쩔 수 없이 자꾸 눈물을 흘립니다. 안 울려고 해도 안 울 수가 없어요. 이때에 느끼는 것을 보통 카타르시스(catharsis)라고 하는데 곧 정화작용이라는 것이지요. 아리스토텔레스의 『시학詩學』에 나오는 말입니다. 연극을 하는 곳이 세상이고, 무대를 내려다보는 곳이 천국이라고 할 때 관중은 천국의 신들이 되었다는 말입니다. 그 신들이 세상을 보면서 눈물을 죽죽 쏟는 것입니다. 그래서 희랍에서는 희극보다도 비극이 더 유명했었다지 않습니까. 비극이 카타르시스의 효과가 더 크기 때문입니다.

그러니까 예술에서는 극을 만드는 사람이 하나님이 되는 것이고, 나와서 연기하는 사람은 예수가 되는 것이고, 위에서 감상하는 사람들은 다 성령이 되는 것입니다. 그렇지 않습니까. 사람은 예술을 통해서 신이 된다는 것입니다.

신의 본질은 의義입니다. 하나님도 그리스도도 성령도 의義입니다. 희랍사람들이 생각할 때에 가장 아름다운 작품이 무엇이겠습니까. 이데아의 세계입니다. 그 이데아의 세계를 땅 위에 실현하는 것이 국가 아니겠습니까. 국가야말로 인간이 만들 수 있는 최고의 예술작품입니다. 이러한 예술작품을 만들고 그 예술작품을 통하여 신성인 의를 드러내는 것이 희랍사람들의 이상이 아니겠습니까. 나라와 의, 이것은 희랍 사람의 이상일 뿐만 아니라 우리의 이상입니다.

우리가 나라를 세우고 이 나라를 통하여 정의를 실현하는 것이, 뜻이 곧 하늘에서 이루어진 것처럼 땅에서도 이루어지는 것입니다. 지금 우리의 모든 관심은 어디 있습니까. 나라에 있지요. 지금 매일 신문을 보는 사람들은 무엇을 하려고 그렇게 열심히 보는가. 나라를 보느라고 그럽니다. 환율換率이 올랐다고 하면 울고, 또 축구가 일본에게 이겼다고 하면 웃고 하는데 거기에서 카타르시스가 되는 것입니다.

가장 아름다운 예술품이란 나라인데 그 나라를 우리가 만들려고 하면 그 나라의 연기를 맡고, 그 나라를 우리가 들여다보는 동안에 우리는 무엇이 되냐. 쉽게 말하면 신이 되는 것입니다. 신의 핵심이 '곧이[直]'요, '의'가 아니겠습니까. 우리 기독교식의 표현으로 하면 의인이 된다는 것입니다. 안중근 의사도 의인이요, 나라를 창조하는 사람입니다. 나라를 사랑하면 죄인이 변해서 의인이 된다는 것입니다. 우리가 나라를 사랑하는 동안에 의인이 되는 것입니다. 나라를 창조하는 사람들이 의인이요 신인神人입니다. 신이라고 해도 좋습니다. 그것이 자주自主라는 것이 아니겠습니까.

너무 비약하는 것 같은데 하여튼 '나라와 의' 거기까지는 알 수 있겠지요? 그래서 우리가 나라를 빛내면 나라는 우리를 빛내줍니다. 우리가 빛나는 길은 다른 길이 없습니다. 나라를 빛냄으로 말미암아 우리가 빛나는 것이지 그냥 내가 빛나자고 해서는 안 된다는 것입니다.

# 원수를 사랑하라

1980년 3월 9일

마태복음 5:43~48

"네 이웃을 사랑하고 원수를 미워하여라"고 하신 말씀을 너희는 들었다. 그러나 나는 이렇게 말한다. "원수를 사랑하고 너희를 박해하는 사람들을 위하여 기도하여라. 그래야만 너희는 하늘에 계신 아버지의 아들이 될 것이다. …… 하늘에 계신 아버지께서 온전하신 것같이 너희도 온전한 사람이 되어라.

지난 번에 삼일절을 맞아 독립선언서를 절반까지 읽었었습니다. 그래서 오늘 마저 읽고 요전 말을 계속하겠습니다.

병자 수호조약 이후 시시때때로 굳게 맺은 약속을 저버렸다 하여 일본의 실의 없음을 탓하려 하지 아니하노라. 학자는 강단에서, 정치인은 실생활에서 우리 조상 때부터 물려받은 이 터전을 식민

지로 삼고 우리 문화민족을 마치 미개한 사람들처럼 대하여 한갓 정복자의 쾌감을 탐낼 뿐이요, 우리의 영구한 사회 기틀과 뛰어난 우리 겨레의 마음가짐을 무시한다 하여 일본의 옳지 못함을 책망하려 하지 아니하노라.

자기를 일깨우기에 다급한 우리는 다른 사람을 원망할 여가를 갖지도 못하였노라. 현재를 준비하기에 바쁜 우리에게는 예부터의 잘못을 따져볼 겨를도 없노라. 오늘 우리의 할 일은 다만 나를 바로잡는 데 있을 뿐 결코 남을 헐뜯는 데 있지 아니하노라. 엄숙한 양심의 명령을 따라 자기의 집이 운명을 새롭게 개척하는 일일 뿐 결코 묵은 원한과 일시의 감정을 가지고 남을 시기하고 배척하는 일이 아니도다. 낡은 사상과 낡은 세대에게 얽매인 일본 위정자들의 공명심의 희생으로 이루어진 부자연스럽고 불합리한 이 그릇된 현실을 고쳐서 바로잡아 자연스럽고 합리적인 올바른 바탕으로 되돌아가게 하는 것이라.

처음부터 이 겨레가 원해서 된 일이 아닌, 두 나라의 합병의 결과로 마침내 억압으로 이루어진 당장의 평안함과 차별에서 오는 고르지 못함과 거짓된 통계숫자 때문에 이해가 서로 엇갈린 두 민족 사이의 화합할 수 없는 원한의 도랑이 날이 갈수록 깊이 패는 지금까지의 사정을 한번 살펴보라. 용감하게 옛 잘못을 고쳐 잡고 참된 이해와 동정의 바탕은 우호적인 새 시대를 마련하는 것이 서로 화를 멀리하고 복을 불러들이는 가까운 길인 것을 밝히 알아야

할 것이 아니냐.

또한 울분과 원한이 쌓인 2천만 국민을 힘으로 붙잡아 묶어둔다는 것은 다만 동양의 영원한 평화를 보장하는 노릇이 아닐 뿐 아니라 이것이 동양의 평안함과 위대함을 좌우하는 4억 중국 사람들의 일본에 대한 두려움과 샘을 갈수록 짙어지게 하여 그 결과로 동양 전체가 함께 쓰러져 망하는 비운을 초래할 것이 뻔한 터에 오늘 우리의 조선독립은 조선 사람으로 하여금 정당한 삶과 번영을 이루게 하는 동시에 일본으로 하여금 잘못된 길에서 벗어나 동양을 버티고 나갈 이로서의 무거운 책임을 다하게 하는 것이며, 중국으로 하여금 꿈에도 피하지 못할 불안과 공포로부터 떠나게 하는 것이며 또 동양의 평화가 중요한 일부가 되는 세계평화가 인류 복지에 꼭 있어야 할 단계가 되게 하는 것이라. 이것이 어찌 구구한 감정상의 문제겠느냐.

아! 새 하늘과 새 땅이 눈앞에 펼쳐지는구나. 힘의 시대는 가고 도의의 시대가 오누나. 지나간 세기를 통하여 깎고 다듬어 키워온 인도적 정신이 바야흐로 새 문명의 서광을 이루어 인류의 역사 위에 던지기 시작하누나. 새 봄이 온 누리에 찾아들어 만물의 소생을 재촉하누나. 얼음과 찬 눈 때문에 숨도 제대로 쉬지 못한 것이 저 한때의 시세였다면, 온화한 바람, 따뜻한 햇볕에 서로 통하는 낌새가 다시 움직이는 것은 이 한때의 시세이니, 하늘과 땅에 새 기운이 되돌아오는 이 마당에 세계의 변하는 물결에 타는 우리는 아주

주저할 것도 없고, 아무 거리낄 것도 없도다. 우리가 본디 타고난 자유권을 지켜 풍성한 삶의 즐거움을 마음껏 누릴 것이며, 우리가 넉넉히 지닌바 독창적 능력을 발휘하여 봄기운이 가득한 온 누리에 우리의 뛰어남을 꽃피우리라.

우리는 그래서 분발하는 바이다. 양심이 우리와 함께 있고, 진리가 우리와 더불어 전진하나니 남자·여자·어른·아이 할 것 없이 음침한 옛 집에서 힘차게 뛰쳐나와 삼라만상과 더불어 즐거운 부활을 이룩하게 되누나. 천만세 조상들의 넋이 우리를 안으로 지키고, 전 세계의 움직임이 우리를 밖으로 보호하나니 이 일에 손을 대면 곧 성공을 이룩할 것이라. 다만 저 앞의 빛을 따라 전진할 따름이도다.

공약 3장은 이다음에 또 한 번 시간 있을 때 말씀드리겠습니다. 이 독립선언서의 전반부는 '나라와 의' 라는 말로 표시가 될 수 있다고 지난 시간에 말씀드리면서 마태복음 6장 25절부터를 읽어드렸고, 바로 거기에 "그 나라와 그 의를 구하라"는 말이 있었습니다.

오늘 읽은 독립선언서의 뒷부분은 3·1 운동의 방법으로, 어떤 방법을 가지고 3·1 운동을 해갈 것인가를 말하고 있다고 볼 수 있는데 그것을 한마디로 말한다면 "원수를 사랑하라"고 하는, 그 말씀을 방법으로 삼았다고 볼 수 있습니다. 바로 이 부분이 기독교 사상의 표현이라고 볼 수 있습니다.

또 공약 3장은 한용운 스님이 썼기 때문에 그 속엔 불교의 사상이 집약되어 있다고 볼 수 있습니다.

그때 그 정한 방법이 '단일', '민중', '비폭력'이었습니다. '단일' 우리는 단일 민족이니까 우리 민족끼리는 믿을 수 있지 않느냐. 고로 이 믿음이라는 것을 가지고 싸워야 되겠다고 생각해서 손병희 선생이 맨 처음에 찾아간 사람이 매국노 이완용이었습니다. "우리가 독립선언을 하겠다." 이때 이완용이 "내가 밀고하면 어떻게 하겠느냐"고 물었고, "우리 민족이라면 밀고를 하지 않을 것이다"라고 대답했다고 합니다. 이완용은 밀고를 하지 않았고, 그래서 3·1 운동이 성립된 것이 아니겠습니까. 또 3·1 독립선언문을 찍을 때, 신철이라는 형사가 와서 발각이 되었지만 역시 신철이라는 형사에게도 우리 민족이란 것을 강조한 끝에 결국은 발표를 하지 않았기에 3·1 독립운동이 된 것이 아니겠습니까. 단일 민족의 단일성을 강조해 하나가 되어야 서로 믿을 수 있다. 여기 표현으로 하면 양심이 우리와 같이 있고, 진리가 우리와 같이 전진한다. 우리는 하나의 민족이다. 그러니까 우리는 서로 믿을 수 있다는 것이 마지막 절에 나옵니다.

그다음에 '민중'이라는 것, 결국 소망은 민중에게 있다. 그때 양반들한테 찾아가서 같이 하자고 그랬지만 전부 참석을 안 했어요. 결국 민중을 가진 불교와 기독교와 천도교가 여기에 가담을 했지, 상층계급의 사람들은 가담하지 않았습니다. 결국 소망은 민중에게 있다는 것입니다.

맨 마지막이 '비폭력'인데, 민심은 천심이다. 민중 속에 천심이 들어가 있다. 천심이 무엇인가. 그건 사랑이다. 그래서 선언문에서 일본사람들이 우리를 아무리 괴롭혀도 우리는 일본사람들을 탓하지 않겠다. 원망하지도 않겠다. 결국 우리는 우리를 바로잡는 것이지, 일본사람을 어떻게 하자는 것이 아니다. 이것이 비폭력·민중·단일이라는 생각을 구체적으로 표현한 것이라고 볼 수 있습니다.

그러나 전체적으로 말하면 결국은 '봄이 왔다' 그 한마디입니다. 묵시록 21장에 나오는 '새 하늘과 새 땅'이 여기에도 나오는데 '새 하늘과 새 땅'이라는 것과 "새 봄이 온 누리에 찾아 들어와" 이런 식의 표현을 한마디로 하면 '봄이 왔다'라고 할 수 있습니다. 기독교라고 하는 것, 복음이라는 것, 그것도 한마디로 하면 '봄이 왔다'입니다. 기쁜 소식이라는 것도 그 소리지요. 마지막에 "부활의 봄이 왔다"도 같은 말이 되는 것입니다.

그런데 또 독립운동이라는 것은 단순히 우리만 한 것인가. 그것을 한번 생각해 봅시다. '비폭력' 하면 우리는 얼른 인도의 간디를 생각합니다. 우리는 2월 10일에 모이기 시작해서 3월 1일에 독립만세를 불렀고, 인도는 우리보다 조금 늦어서 23일에 모이기 시작해서 4월 6일에 만세를 불렀습니다. 우리도 그때 상당히 죽었지요. 인원수는 확실치 않지만 어떤 책에 보면 7천 명이 죽었다. 또 어떤 책에는 5천 명이 죽었다. 또 다른 책에는 2천 명이 죽었다고 기록되어 있습니다. 하여튼 최하로 잡아도 2천 명은 죽었다고 봐야 되지요. 그리고 1만 5천 명이 부상했다고들 합니다. 그런데 인도에서도 1천 2백 명가량 죽었고, 4천 명이 부상을 당했다고 하는데 인도에선 4월 13일에 그렇게 많이 죽었다고 합니다.

간디의 무저항 운동은 벌써 그보다 몇 십 년 전에 전개되었어요. 간디가 아프리카에서 무저항 운동을 22년 동안 했고, 아프리카에서는 그때 상당한 사람들이 감옥에 들어간 것으로 알고 있습니다.

1919년 우리가 독립운동을 할 때 간디의 나이는 50세였고, 간디가 인도에서 무저항 운동을 시작한 것은 44세부터였는데, 그 운동이 세계적으로 퍼져서 우리도 인도처럼 하면 되지 않을까 하는 생각이 지배적이었습니다. 인도에서 하는 게 비폭력이므로 우리도 비폭력으로 하자는 것이었습니다.

간디가 비폭력이라는 사상을 가지게 된 것은 24세 때에 성경 속에서였습니다. 성경의 가장 핵심을 마태복음의 산상수훈으로 보았고, 산상수훈에서 가장 핵심을 5장 마지막에 있는 "하나님이 온전한 것처럼 너희들도 온전하라"는 말과 "원수를 사랑하라"는 말로 보았습니다.

기독교의 핵심이 무엇인가. 하나님이 온전하신 것처럼 우리도 온전하게 될 때에 우리도 원수를 사랑할 수 있구나. 그저 원수를 사랑하는 것이 아니라 원수와 싸워 이겨야 되는데 무엇을 가지고 이기는가. 사랑을 가지고 이긴다. 그럼 사랑이란 무엇인가. 진리다. 그것이 간디의 사상입니다.

원수와 싸워서 이기는 힘, 그것이 사랑인데 사랑이란 무엇인가. 진리다. 그럼 진리란 무엇인가. 그것은 영靈이다. 영이란 무엇인가. 그것은 하나님이다. 그럼 결국은 원수를 이기는 힘은 하나님에게 있다는 것입니다. 하나님의 힘을 가지고 싸울 때 원수를 이길 수 있다. 그래서 간디는 그것을 '무저항 저항' 이라는 말로도 표현을 했습니다.

물론 이 무저항 사상은 이미 오래 전에 있던 사상으로 그건 여러분이 다 알다시피 톨스토이의 사상입니다. 간디가 24세 때 신약성서 마태복음 5장에서 무저항이라는 사상을 발견하고, 그것으로써 항쟁해야겠다고 생각하고 동지를 찾는데 나타난 것이 톨스토이였고, 그로 인해 간디는 톨스토이의 작품을 많이 읽었을 뿐만 아니라 번역도 했지요. 그래서 아프리카에 가서 경영한 농장의 이름을 톨스토이 농장이라 하기도 했습니다.

톨스토이는 1910년에 죽었는데 죽기 두어 달 전에 간디에게 보낸 편지에서 이런 말을 했습니다. "나의 '무저항 저항' 이라는 사상을 당신이 실천함으로써 하나님의 의를 나타내는데 힘쓴 데 대해서 대단히 고맙게 생각한다. 나의 무저항을 한마디로 하면 사랑의 힘을 말한다. 그 사랑의 힘이란 진리의 힘을 말한다. 그 진리의 힘은 영의 힘을 말한다. 그 영의 힘을 가지고 혹은 하나님의 힘을 가지고, 진리의 힘을 가지고 원수와 싸워서 이기는 것, 그것이 무저항이다." 톨스토이와 간디는 기독교란 하나님의 힘으로 싸워서 이기는 종교라고 말했습니다.

예수님께서 요한복음 16장 마지막에 "내가 세상을 이겼다." 무엇을 가지고 이겼나. 한마디로 하면 하나님의 힘을 가지고 이겼다. 혹은 사랑을 가지고 이겼다. 혹은 진리를 가지고 이겼다고 했습니다.

간디의 유명한 이야기가 있지요. 일등 차를 타고 가다가 정거장에서 발길에 채어 떨어져서 생각한 것이 어떻게 하면 영국을 때려 부술까. 그렇게 할 힘이 무엇인가였다고 합니다. 영국인들이 누구한테 쩔쩔 매는가. 가만히 생각해 보니까 영국인들은 예수라면 꼼짝 못하더란 말입니다. 그럼 예수를 붙잡으면 되지 않겠나. 예수를 붙잡으면 영국을 이길 수 있는 힘이 그 속에 있을 것이다. 그래서 그 힘을 얻기 위해서 열심히 읽은 것이 성경이었고, 신약성서의 마태복음 중 산상수훈 속에서 예수가 악마의 세계를 이긴 그 힘 혹은 초대 기독교인들이 로마를 이긴 그 힘을 간디는 발견하게 된 것입니다. 그래서 그 힘을 가지고 결국은 대영제국을 이겼으며 인도는 독립하게 된 것입니다.

그러니까 간디는 원수를 사랑하라고 할 때도 그저 원수를 사랑하는 것이 아니고, 원수를 이기는 힘 — 그것이 사랑이라고 해석했습니다 — 소위 '비폭력 저항'을 가지고, 사랑을 가지고 싸워 이기는 것입니다.

학생들이 다 아는 소크라테스의 '무지無知의 지知', 노자의 '무위지위無爲之爲', 장자의 '무용지용無用之用' 또 루소의 『에밀』에 있는 '무교지교無敎之敎'라는 말은 우리가 보통은 해석할 수 없는 굉장히 깊은 의미를 가지고 있습니다.

언젠가도 한번 이야기했지만 소크라테스의 무지無知의 지知란 무슨 뜻인가. 예를 들어 보면 어떤 사람이 고기를 잡으러 나갔는데 한 사람이 옆에 와서, 이번 그물 속에 걸리는 고기를 전부 자기가 사겠다고 말했습니다. 그물은 던져졌고 한참 후에 올려보니까 고기는 안 걸리고 금화로가 하나 나왔습니다. 그때 옆에 섰던 사람이 그것은 약속대로 나에게 팔아야만 된다고 하였습니다. 그러니까 잡은 사람이 못 팔겠다. 왜냐하면 난 물고기를 팔겠다고 그랬지, 걸려나오는 걸 팔겠다고는 하지 않았기 때문이라고 했습니다. 팔아라, 안 팔겠다고 서로 싸우다가 제일 똑똑하다는 솔론이란 사람에게 가서 묻기로 하고 솔론에게 갔습니다. "그 문제는 나도 해결을 못하겠다." 이에 또 다른 철인哲人에게 가서 물었습니다. 그 문제는 그도 해결을 못하겠다고 해서 맨 마지막에는 탈레스라는 사람을 찾아갔습니다. 어떻게 하면 좋겠느냐고 하니 이 세상에서 금화로를 가질 수 있는 사람은 없다. 그러니까 너도 못 가지고, 너도 못 가진다. 그건 하나님만이 가질 수 있다. 그러니까 그 금화로를 예배당에 갖다 바치라고 했고 그래서 예배당에 바쳤다는 얘기가 있습니다.

그 말은 무얼 뜻하는가 하면 지혜는 사람이 가질 수 없다. 결국 지혜를 가진 것은 하나님뿐이다. 사람은 지혜를 가질 수 있는 자격이 없다. 우리 기독교에서 말하는 나라와 권세와 영광은 오직 하나님만이 가질 수 있다. 대개 나라와 권세와 영광은 하나님께만 있지, 사람은 가질 수 없다고 말합니다. 나라, 이건 내가 차지할 수 있나. 아닙니다. 권세는 내가 가질 수 있나. 아닙니다. 영광도 마찬가지입니다. 그것은 다 하나님만이 가질 수 있는 것입니다. 사람은 가질 수 없습니다. 이 지혜도 하나님만이 가질 수 있는 거니까 하나님의 지혜가 나타날 때에는 내가 가졌던 지식의 불은 꺼야 됩니다.

"불을 꺼라. 해가 뜬다." 이제 불을 꺼라. 봄이 왔다. 해가 떴는데도 불을 켜고 있으면 바보지요. 우리 기독교식으로 말하면 "내 뜻대로 마옵시고 아버지 뜻대로 하옵소서." 그것이 아니겠어요. '나'라고 하는 게 있다고 하면 하나가 될 수 없습니다. 이 교회란 목사의 교회도 아니고, 장로의 교회도 아니고, 그 누구의 교회도 아닙니다. 여기서는 촛불을 꺼야 된다. 목사도 없고,

장로도 없고, 찬양대도 없고, 누구도 없다. 오로지 하나님의 교회이며 하나님만이 계시는 곳입니다.

'봄이 왔다.' 예수님 말로 하면 마태복음 4장 17절 "회개하라. 천국이 가까웠다." 봄이 왔다는 것이나, 천국이 가까웠다는 것이나, 새 하늘과 새 땅이 열린다는 것이나 다 같은 말입니다. 천국이 가까이 오니 어떻게 해야 되나. 촛불을 꺼야지요. 회개하라. 회개해서 촛불을 꺼야 태양이 뜨지, 태양이 떴는데도 촛불을 켜고 있으면 말도 안 되지요. 촛불을 꺼라. 태양이 뜬다. 이것이 소위 소크라테스의 무지無知의 지知라는 것입니다. 인간적인 지혜로써는 안 된다는 것입니다.

결국 하나님의 지혜로써만 인간은 구원받을 수 있다는 것입니다. 우리 기독교에서도 마찬가지입니다. 사람의 생각으로는 안 된다. 사람의 힘으로는 안 된다. 예수님의 힘으로도 안 된다. 예수님 보고, 당신은 참 착한 선생님이요, 라고 말할 때 예수님이, 왜 날더러 착하다고 그러느냐. 그건 내 힘으로도 안 된다고 하면서, 하나님만이 착하시고, 하나님만이 아신다고 했습니다. 일체 사람이라는 것이 없어지고, 하나님만이 나타날 때 거기에 믿음이 있고, 소망이 있고, 사랑이 있는 것입니다. 거기에 하나가 있고, 민중이 있고, 비폭력이 있는 것이지, 만일 촛불들이 제각기 다 야단을 치면 아무것도 안 된다는 것입니다.

그러니까 3·1 운동이란 '봄이 왔다'는 것입니다. 촛불들을 다 끄자. 해가 떴다. 있는 것은 무엇인가. 민중만이 있고, 민족만이 있고, 또 우리의 민심만이 있다. 달리 말하면 우리나라만이 있지 나는 없다. 그러니까 나라를 위하여 총을 맞고 쓰러져도 하등 거기에 대해 말이 없이 다 기쁘게 죽어간 것이다. 그게 우리의 3·1 운동 아니겠어요. 결국은 봄이 왔다. 달리 말하면 "회개하라. 천국이 가까웠다"는 말입니다.

그런데 이 '봄이 왔다'의 '왔다'는 것이 무엇인가. 사실입니다. 우리의 복음이라는 것은 선포뿐입니다. 사실은 사실대로 인정하는 것뿐입니다. 기독교도 마찬가지입니다. 봄이 왔다는 것을 선포하는 것뿐이지 봄을 우리가 오게 하겠다는 것이 아닙니다. 오게 하겠다는 것은 행함으로 구원을 얻는 것이지, 믿음으로 구원을 얻는 것이 아니기 때문입니다.

지금 공산주의란 봄을 좀 오게 해보자는 것입니다. 그럼 어떻게 하면 봄이 오나. 비닐이라도 치면 되지 않겠나. 그래서 죽의 장막이라느니, 철의 장막이라느니 하는 게 아니겠어요? 그러다가 바람이 불면 어떻게 합니까. 비닐이 다 찢어지고 맙니다. 공산주의는 오게 하자는 운동인데 반해, 우리 기독교는 이미 왔다는 것입니다.

그러므로 우리 대한독립은 사실상 언제 되었나. 1919년 3월 1일에 된 것입니다. 그래서 제헌국회에서 우리 대한민국이 언제 시작되었는가에 대해 논란이 많았고, 그러다가 결국은 1919년

3월 1일 대한민국이 독립한 것으로 결정이 된 것입니다. 대한민국의 역사만 따지면 벌써 61년이 되었습니다. 그러니까 사실 우리는 그때 독립한 것이다. 그럼 일본은 언제 망했나. 벌써 그때에 망한 것이다. 1945년에 망한 것 같지만 사실은 그때 망한 것이다. 왜 그때 망한 것인가. 아무 죄 없는 사람을 2천 명, 3천 명, 5천 명 쏘아 죽일 때에 이미 왜놈들은 망한 것입니다. 정신이 있다면 생사람을 쏘아 죽이겠습니까.

영국이 1948년에 인도에서 쫓겨 간 것 같지만 이미 1919년 4월 13일 무너진 것입니다. 영국인들이 인도에서 기도하러 모인 사람들에게 무조건 총을 쏴 1천 2백 명씩 죽인 것이 제 정신이겠어요? 그것도 예수를 믿는다는 사람들이 그렇게 했을 때 그건 이미 망한 것입니다. 현실적으로는 1948에 영국이 무너졌지만 사실상은 1919년 4월 13일에 영국은 인도에서 벌써 무너진 것입니다. 그때 벌써 영국의 양심 있는 사람들은 그 말을 듣고서 우리 영국은 이제 망했다고 말했다 합니다. 사실 망한 것입니다.

우리도 1945년에 해방된 것 같지만 사실 일본은 1919년 3월 1일에 벌써 무너진 것입니다. 뱀 같은 것은 목을 탁 잘라도 한참 꾸불꾸불 하다가 죽습니다. 왜놈들의 목이 잘린 것은 1919년 3월 1일이고, 꾸불꾸불 발악을 하다가 1945년에 원자탄을 얻어맞은 것입니다.

그러니까 우리가 사실과 현실을 구별해야 되는데 사실로 말하면 그때 벌써 봄이 온 것이고, 현실적으로는 1945년에 봄이 온 것입니다. 복음이란 사실을 선포하는 것입니다.

로마 역시 역사적으로는 나중에 망했지만 실제로 로마가 망한 것은 예수라고 하는, 하나님의 아들을 십자가에 땅땅 못 박아 죽일 때 이미 로마는 망한 것입니다. 그 죄 없는 사람을 죽였을 때 그 나라는 이미 망한 것입니다.

그러니까 이미 그때 천국은 온 것입니다. 예수님께서 그때 하늘에서 악마가 떨어지는 것을 보았다고 했는데 이미 악마는 그때 떨어진 것입니다. 그리고 마지막에 도마뱀 같은 것들이 좀 남아 있는 것입니다.

그러니까 이 기독교란 언제나 사실을 사실로 선포하는 것입니다. 봄이 왔다고 하면 다요, 해가 떴다고 하면 다지, 우리가 해를 만들어낼 재간이 있어요? 물론 해가 떠도 아직도 구석구석 좀 추운 데가 있긴 하지만 그건 문제가 안 됩니다. 그러니까 기독교란 봄이 왔다는 것을 선포하는 그것이 전부입니다.

기독교는 행함으로 구원을 얻는 게 아니고, 믿음으로 구원을 얻는 것뿐입니다. 믿음으로 구원을 얻었다는 것은 무엇인가. 사실은 사실대로 인정하는 것뿐입니다. 그 이상 아무 것도 없습니다. 그러므로 결국은 무저항 저항이라는 것도 사람의 힘으로 되는 것이 아니라는 말입니다.

결국 되는 것은 하나님의 힘으로만 됩니다. 사람의 뜻이 이루어지는 것이 아닙니다. 이루어지는 것은 하나님의 뜻만이 이루어집니다. 그것만이 사실이고 그 외에는 다 거짓입니다.

# 민족의 꽃

1980년 3월 16일

마태복음 4:12~17
 어둠 속에 사는, 앉은 백성이 큰 빛을 보겠고, 죽음의 그늘진 땅에 사는 사람들에게 빛이 비치리라.

 오늘은 3·1 독립선언문 중 맨 마지막 공약 3장을 읽겠습니다.

 오늘 우리들의 이 거사는 정의·인도·생존을 찾는 겨레의 요구이니, 오직 자유의 정신을 발휘할 것이고, 결코 배타적 감정으로 치닫지 말라. 마지막 한 사람에 이를 때까지 마지막 한순간에 다다를 때까지 민족의 올바른 의사를 시원스럽게 발표하라. 모든 행동은 먼저 질서를 존중하여 우리들의 주장과 태도가 어디까지나 공명정대하게 하라. 나라를 세운 지 4252년 되는 해 3월 초하루, 조선 민족대표.

여기에 33인의 이름이 적혀 있습니다.

아무래도 3·1 독립선언문이라서 그런지 세 번 말하게 되었습니다. 처음의 절반은 '그 나라와 그 의' 그러니까 한문으로 말하면 보국안민輔國安民인데, 곧 3·1 운동의 목적입니다.

그다음이 '원수를 사랑하라'는 것인데, 결국은 '무저항 저항'을 뜻하는 것으로, 이 말은 원수를 도와주라든가, 원수하고 화해하라든가 하는 말이 아니고, 우리의 원수는 악마이기 때문에 — 그 당시로 말하면 일본 제국주의지요 — 악마를 사랑한다든가, 악마를 도와준다든가, 악마와 화해한다든가 그런 것은 일체 있을 수 없고, 결국은 악마와 싸우라는 것인데 그 악마의 힘이 너무 세서 우리의 힘으론 도저히 될 수가 없으니까 하나님의 힘으로 이길 수밖에 없을 것이다. 하나님의 힘이 진리의 힘이고, 또한 사랑의 힘이기 때문에 결국 사랑의 힘으로 원수를 이긴다. 그것이 원수를 사랑하는 뜻이라고 이야기했습니다.

마지막 공약 3장은 세 가지인데, 어떻게 보면 앞으로 데모를 하는데 있어서 주의사항이라고 볼 수 있겠습니다. 첫째는 배타적으로 나가지 말라. 둘째는 최후의 1인까지, 최후의 일각까지 나가야 한다. 그리고 셋째는 질서를 지켜야 되겠다는 것입니다.

너무 배타적이 되지 말자, 중도에 그만두지 말자, 그리고 질서를 지키자, 그 세 가지를 우리가 다 지키자고 해서 공약입니다. 주의사항처럼 들리지만 우리가 이것을 더 깊이 들여다보면 결국 나라를 사랑하는 충성, 내 생명을 나라 위해 바치자는 애국심의 가장 핵심적인 내용이라고 볼 수 있습니다.

그러고는 33인 대표를 썼는데, 이들을 '민족의 별'이라고 나는 말하고 싶습니다. 왜냐하면 이 사람들은 그 당시 우리나라에서 이름 있고 지도층에 있는 사람들이기 때문입니다.

이 설교의 제목을 〈민족의 꽃〉이라고 한 것은 사실 이 '민족의 별'보다도 더 중요한 사람들이 있었다는 것을 강조하기 위해서입니다.

그것은 무슨 뜻인가 하니 제가 이 자리에서 그분들에 대해 이렇고 저렇고 다 말할 수는 없지만 우리가 누구나 다 잘 아는 한두 사람을 들어봄으로써 상기시켜 보려는 데 의도가 있습니다.

맨 처음부터 3·1 운동을 역설했고 또 이 3·1 독립선언문을 쓴 최남선은 처음부터 3·1 독립운동에 가담하지도 않았으며 최초의 일각, 최초의 1인도 되지 못했습니다. 또 이 3·1 운동의 핵심적인 인물이라고 할 때에 누구나 세상이 다 공지하는 사람, 최린은 내가 중학교 다닐 때에 가장 친일적인 언론기관지였던 『매일신보』 사장을 했던 사람이기에 최린 하면 내가 보기

엔 가장 친일파이고, 민족의 반역자인데, 그 사람이 이 일의 주동적인 인물이 되었다는 것은 결국은 최후의 일각까지, 최후의 1인까지라는 말하고는 너무 거리가 멀어진 것이 아닌가 생각이 듭니다.

그리고 이 공약을 붙이자고 써 온 사람이 한용운인데 물론 한용운 스님이 맨 처음에는 상당히 고집을 부리긴 했지만 이 사람이 마지막에는 유신불교라는 걸 만들어서 나중에는 우리가 듣기 좋지 못한 말들을 들었지요. 그러니까 우리가 이들 민족대표에서는 최후의 일각이나 최후의 1인을 찾아보기가 어렵다는 것입니다.

그럼 결국 최후의 일각, 최후의 1인까지 싸운 사람들은 누군가 하면 그 당시의 민족지도자가 아니라 민중이었습니다. 이 운동에 가담했던 사람들을 어떤 사람은 5백만 명이라고 하지만 최하로 따져도 2백만 명은 될 것입니다. 그리고 그 가운데서 총에 맞아 죽은 사람이 보통 우리 역사책에 나오는 것을 보면 7천 명쯤이고, 그때 부상당한 사람이 만 5천 명쯤이었다고 합니다. 그러면 정말 최후의 일각까지, 최후의 1인까지를 말할 수 있는 사람은 그때 죽은 7천 명, 그 사람들이 될 것입니다. 그래서 난 그 사람들의 이름을 무엇이라고 붙일까 하고 생각하다 민족의 별이 아니고, 민족의 꽃이라고 했습니다. 민족을 위해서 바쳐진 하나의 아름다운 꽃송이입니다.

그중에서 제일 유명한 사건은 수원의 제암리 교회에서 만세를 부르고 기도를 하는데 일본 사람들이 교회에 불을 질러, 뛰쳐나온 사람 6명은 그 자리에서 총살을 당하고, 나오지 않은 28명은 타죽었다고 합니다. 이런 사건은 여기저기 있었을 터이고, 그래서 저는 그 사람들을 민족의 꽃이라고 부릅니다.

  또 우리 이화학당의 고등과 1학년 유관순, 역시 민족의 꽃이라고 할 수 있습니다. 16세였던 유관순이 3월 1일 친구 6명과 같이 파고다공원에 가서 만세를 부르고, 3월 5일 ― 그때는 학생끼리 모여서 또 만세를 불렀습니다 ― 맨 첫날은 붙잡혀 갔다가 훈방해서 나왔고, 두 번째 날인 5일에는 붙잡히지 않았어요. 3월 10일, 전 학교가 휴교를 했기에 시골로 내려갔는데, 유관순은 집이 천안으로, 집에 가보니 아직도 독립만세를 부르지 않았다고 해서, 그때부터 자기 동네 옆에 있는 면을 다 돌아다니면서 독립만세를 부르기로 하고, 시간은 언제, 횃불은 언제 피운다, 등을 연락하고 조직을 했다고 합니다. 자기 집 가까이 있는 주재소 옆 면사무소 앞에 모여 만세를 부르기로 하였는데, 유관순이 나가서 선언문을 읽고 애국 연설을 하였다고 합니다. 그때 많은 사람이 죽었고, 유관순의 아버지와 어머니도 그날 죽었으며, 유관순도 잡혀 가게 되었습니다. 그러나 감옥에서도 계속 만세를 불러 결국은 매를 맞아서 그다음 해에 죽고 말았습니다. 나는 이런 사람들이 최후의 일각까지, 최후의 1인까지 된 사람들이지 그밖에 누가 더 이 나라를 사랑한 사람이 있을까 하고 생각해서, 나는 이 사람들을 민족의 꽃이라고 부릅니다.

여러 번 이런 말을 하는 것은, 3·1 독립선언문, 우리가 말하는 3·1 정신이라는 것이 우리 헌법에 기초가 되었을 뿐만 아니라 또 나라를 사랑하는 것이 예수를 믿는 것이지, 나라 사랑을 떠나서는 예수를 믿는 것은 있을 수 없다는 것을 말하기 위함입니다.

하나님 나라를 사랑하면 되지 않느냐. 그렇지만 하나님 나라도 우리나라를 통해서 있는 것이지, 떠나서는 하나님의 나라가 있을 수 없다고 생각합니다. "뜻이 하늘에서 이룬 것 같이 땅에서도 이루어지이다" 하고 우리가 늘 기도하는 것은 역시 우리가 이 나라를 사랑하기 때문에 그렇게 기도하는 것이지, 이 나라를 사랑하지 않으면서 예수를 믿는다는 것이 있을 수 있나. 난 그게 있을 수 없다고 생각합니다.

그러니까 이 나라를 사랑한다는 것이 우리에게 있어서는 상당히 핵심적인 사실입니다. 이 말은 그 당시의 말로 하면 공약 3장, 이것이 애국심, 곧 사랑입니다. 천도교 식으로 말하면 이신환천以身換天인데 몸을 가지고 하늘과 바꾼다는 것입니다. 나라를 위해서 죽으면 하늘에 태어난다는 말입니다. 불교식으로 표현하면 견성성불見性成佛, 또 유교식으로 표현하면 살신성인殺身成仁, 그리고 우리 기독교식으로 표현한다면 "회개하라. 천국이 가까웠다"로 말할 수 있을 것입니다.

"그 나라와 그 의를 구하라"는 마태복음 6장에 있는 말이고, 또 그다음 "원수를 사랑하라"는 말은 5장에 있는 말이고, 오늘 "회개하라. 천국이 가까웠다"는 말은 4장에 있는 말입니다. 여기에서 회개라는 것은 우리가 육체적인 것은 벗어버리고 정신적인 것이 되는 것을 말합니다.

나라를 사랑한다는 것은 무엇을 가지고 할 수 있나. 우리 육체를 가지고 사랑할 수 있나. 그렇지 않습니다. 왜? 육체는 우리가 모은다 해도 하나가 되지 못하기 때문입니다. 다 따로따로이지요. 육체는 사랑받을 수나 있지 사랑할 수는 없습니다. 정신만이 사랑할 수 있지요. 정신만이 하나가 될 수 있지요. 그건 왜 그런가? 하나님은 곧 사랑이기 때문에 우리 정신도 사랑일 수 있다는 말입니다. 그러니까 육체적인 차원을 넘어서서 정신적인 차원에 가지 않으면 나라를 사랑할 수 있는 힘이 없습니다. 나라를 사랑하는 것은 정신이지, 육체에는 그런 힘이 없다는 것입니다. 왜? 육체는 먹어야 하기 때문에, 자칫하면 육체는 나라까지 먹을 수 있다는 것입니다.

정권을 붙잡겠다든가, 무슨 당권을 붙잡겠다든가, 국권을 붙잡겠다, 하는 그 붙잡겠다는 '권' 자는 무엇인가 하면 저울 '권權' 자이며 '리'는 날카로울 '리利' 자입니다. 날카로운 칼로 잡아서 저울에 달아 잡아먹겠다는 것입니다. 그것은 내가 죽어서 나라를 위해 바쳐진다는 생각과는 반대이지요. 그러니까 이 권리를 주장하는 사람들은 잡아먹겠다는 사람이지 사랑하겠다는 사람이 아닙니다.

의무라고도 하지만 기독교에선 의인이란 말을 쓰는데 권리가 아니고 의무입니다. 나 자신을, 나라를 위해서 바친다고 하는 사람이라야 나라를 사랑할 수 있습니다. 또 나 자신을 바치려면 정신이 아니면 도저히 그럴 수 없습니다.

헤겔은, 정신이란 자기 죽음을 지켜볼 수 있는 것이라고 했는데, 그럼 예수님께서 십자가에 달려서 자기의 육체를 인류를 위해 바쳤을 때 그것을 지켜볼 수 있는 정신, 그것이 예수의 정신이지요. 이 정신이 없는 사람은 도저히 사랑이란 것을 할 수 없는 사람이며 더군다나 국가를 사랑한다는 말은 더욱 더 안 되지요. 그러므로 애국심이란 하나의 정신일 뿐 그밖에 아무것도 아닙니다.

그러니까 옛날에 정신 혹은 사랑을 표현할 때에는 살신성인이라든가 이신환천이라든가로 표현하였던 것이고, 회개한다고 하는 것은 육체적 입장에서 정신적 입장으로 바꾸는 것을 말합니다. 육체적인 인간이 아니라 정신적인 인간이 되는 것입니다. 우리가 예수를 믿는다고 하는 것도 우리가 육체적인 인간을 벗어나서 정신적인 인간이 된다는 것입니다. 만일 그게 없다면 예수를 믿는다는 게 무엇이겠어요. 예수를 믿는다고 하려면 나라를 사랑해야 예수를 믿는 것이지, 나라를 사랑하지 않는다면 예수를 믿는 것이 무엇이겠습니까.

그러니까 정신이 상당히 중요하지요. 그래서 나는 이런 정신을 무엇이라고 표현할까 할 때 역시 '민족의 꽃'이라고 표현했습니다. 꽃이란 언제나 꺾여서 바쳐지는 것이니까요. 별은 딸 수가 없기에 꽃을 꺾어서 바치는 것이지요.

우리가 요새 개헌을 한다, 대통령을 뽑는다 할 때 대통령이란 별일까, 꽃일까, 한번 생각해 봅시다.

우리가 과거에 대통령을 뽑아 보았다고 하지만 실제로 우리들의 기분으로는 뽑았다는 기분은 없어요. 왜 없는가 하니 이승만 박사가 돌아와서 이승만 박사를 대통령으로 내놓기로 하고 헌법을 만들었기 때문에 이승만 박사를 대통령으로 뽑기도 전에 벌써 되어 있었던 것입니다. 마치 별처럼 정해져 있는 것이지요. 그 후 자꾸자꾸 몇 번인가 선거를 했는데도 또 정해진 게 흔들릴까봐 투표할 때는 미리 표를 투표함 속에 집어 넣어두곤 하였다고 합니다. 어떤 곳에서는 유권자가 9천 명인데 나중에 투표함을 열어보니까 만 2천 표가 나온 곳도 있었다니 어이없는 일이지요. 너무 집어넣은 것입니다. 이런 연유로 해서 우리가 뽑았다고 할 수는 없습니다. 다 미리 정해 있는 것이었을 뿐입니다. 그런 걸로 볼 때 우리가 다 정해 있는 걸 그저 한두 번 연극을 해서 그 수많은 시간과 수많은 종이를 없앤 것뿐이지 사실은 뽑은 것이 아닙니다.

우리도 정말 대통령을 뽑아 보았으면 좋겠어요. 누가 대통령이 될지는 아무도 몰랐는데 뽑아 보니까 아무개더라, 이화대학에서 학생을 뽑듯이 시험쳐 보니까 아무개가 되었더라, 이렇게 되었으면 좋겠습니다.

그래서 플라톤 같은 사람은 『이상 국가』에서 그렇게 말했어요. 정말 대통령을 뽑으려면 시험을 쳐야 한다. 플라톤은 다섯 가지 시험을 내놓았어요. 전 국민이 다 대통령 입후보다. 그래서 한번 전 국민을 시험 치게 해보자. 맨 처음 시험과목은 음악입니다. 그다음이 체조, 그래도 대통령은 노래는 좀 부를 줄 알아야지 노래도 못 부르면 뭐 대통령이 되겠는가. 또 체조도 할 줄 알아야지 밤낮 꾸부정하게 다녀서야 되겠는가. 그다음 시험과목은 산업 기술입니다. 그래도 제 밥벌이는 할 수 있는 사람이어야지 그것도 못하면 무슨 대통령이겠는가.

그러니까 음악, 체조의 시험을 쳐서 그 가운데서 우수한 사람을 골라 놓고서 산업, 기술 시험을 치게 해서 그중에서 우수한 사람을 또 뽑는 것입니다. 그다음은 무술이에요. 옛날식으로 하면 활도 쏠 줄 알고, 말도 탈 줄 알고 그런 정도는 되어야 나라의 유사시에는 앞장서서 나가 막지, 그것도 못하면 무슨 대통령인가.

또 뽑힌 우수한 사람 중에서 요새 식으로 말하면 법률, 정치,

외교, 경제 등의 과목을 시험 쳐서 이번에는 정말 정치하는 사람으로서 자격이 있나 보고 철학시험을 치르게 하는 것입니다. 그래도 대통령은 민족의 장래를 내다보는 어떤 하나의 이상과 예지가 있고 철학이 있어야지 그게 없는 사람이라면 되겠는가. 그렇게 해서 일등으로 뽑히는 사람, 그 사람을 대통령으로 하자. 그래야 진짜 대통령이지 그렇지 않으면 무엇이냐. 그런 날이 언제 올지는 모르겠지만 우리도 한 번 모르는 사람, 우리나라에서 가장 우수한 사람, 그런 사람을 대통령으로 뽑아보았으면 참 좋겠습니다.

우리가 과거에 대통령, 대통령 하긴 했지만 사실은 왕이었지요. 왕이란 걸 뭘로 증명하는가 하면 각하라는 말로 증명할 수 있습니다. 각하니 폐하니 전하니 하는 것은 다 왕이란 말이기 때문입니다.

그러니까 왕에게 있어 백성은 자기의 소유입니다. 재산은 다 내 소유이며 백성을 죽이고 살리고, 주고 안 주고 하는 것은 다 내 마음대로다. 이것이 소위 왕의 생각이 아닙니까. 그러니까 나라가 왕 때문에 있지, 왕이 나라 때문에 있는 게 아니란 말이지요. 팔레비 같은 사람은 지금 3백억 달러를 가지고 미국으로 도망을 갔다고 하는데, 3백억 달러라면 대단한데, 왜 그렇게까지 될 수 있는가 하면 다 내 것인데, 갈 때 좀 가져가면 어떠냐, 하는 생각 때문입니다. 그러니까 이렇게 되면 왕이지 대통령은

민족의 꽃 53

아닌 것입니다.

대통령이란 정말 우리 백성의 친구가 되어야 대통령이 되겠지요. "내가 지금부터 너희를 내 종이라 그러지 않는다. 너희는 내 친구다." 이게 아니겠어요. 우리가 대통령을 생각할 때 친구 같은 마음이 있고, 대통령이 우리를 생각할 때 친구 같은 마음이 있고, 그래서 우리가 정말 늘 마음으로 사모하게 되어야지 대통령이 학생들을 쏴 죽인다는 것이 말이 됩니까. 어떻게 친구를 쏴 죽입니까. 4·19 때 학생들을 쏴 죽였는데 만약 대통령이라면 그렇게 못했을 겁니다. 왕이니까 그렇게 할 수 있었던 것입니다. 그러니까 대통령이라면 '미스터 프레지던트(Mr. President)'지 '히즈/허 마제스티(His/Her Majesty)'라고 할 수가 없는 것입니다. 그렇지 않아요? 왕이니까 "쏴라" 그래서 저희 신하들을 쐈지, 대통령이면 어떻게 자기 친구를 쏩니까? 대통령이라면 친구인데 어떻게 그러겠어요? 친구가 아니고 원수니까 쏠 수 있는 것이지요.

사실 글자를 쓸 때는 으뜸 원元 자, 머리 수首 자를 쓰긴 쓰지만, 사실 우리가 생각할 때는 원수怨讐지 어떻게 학생들을 쏩니까. 그러니까 대통령은 우리가 생각할 때 정말 친구여야 하지요. 난 각하를 붙이면 왕이라고 생각하지 대통령 같지 않아요.

'대통령' 그럴 때는 '우리 대통령' 하는 마음에서 친구 같아야 합니다. 그리고 정말 대통령이 되려면 그 무거운 짐을 져야 되지 않습니까. 이 나라의 짐을 져야 되지 않습니까?

그러나 왕은 짐을 지지 않습니다. 왕은 짐 지는 사람이 아니지요. 남에게 짐을 지우는 사람이지요. 왕은 별입니다.

그리고 짐을 져야 하는 대통령은 꽃입니다. 그러니까 언제나 꺾여요. 그래서 대통령이란 장기집권을 할 수 없는 것입니다. 간단히 말하면 그 무거운 짐을 어떻게 오래 지워줍니까. 그럴 수가 없잖아요? 말도 짐을 지고 오래 간다고 하면 그걸 벗겨 주어야 되는데 하물며 인간인데 임기는 짧은 기간에 지워 주어야지 되는 것입니다. 왕이라면 세습이 되어야 하겠지요. 계속하도록 말입니다. 그런데 대통령은 왕은 아니다 그거지요. 역시 짐을 지고, 정말 유관순처럼 짐을 져도 보통 짐이 아닌, 죽음의 짐을 져야 합니다. 그러니까 "될 수만 있다면 이 짐을 지지 않도록 해 주십시오." 그런 사람이 진짜 대통령이지요. "될 수만 있다면 지지 않도록 해 주시옵소서. 그러나 정 질 사람이 없다면 나라도 져야지 어떻게 하겠습니까." 이렇게 해서 할 수 없이 지는 사람이 진짜 대통령이지요. 그 짐을 지겠다는 사람은 사실은 짐을 안 지려는 사람이지, 그걸 질 사람이야 감히 지겠다고 그러겠어요? 그러니까 "정말 할 수만 있다면 이 잔을 내가 피하게 해 주시옵소서. 그러나 정 부득이하면 제가 지겠습니다." 이게 대통령입니다.

또 우리가 더 절대적인 의미에서 말하면 우리가 다 대통령인 것입니다. 민주주의라는 것이 바로 그것이 아니겠어요? 그래 어떤 나라에서는 대통령을 돌아가면서 한다고 그럽니다. 정말 그렇게 되어야 대통령이지 아직도 뽑는 것 가지고는 안 될지도 모르겠습니다. "내가 사는 것도 그리스도도요, 내가 죽는 것도 그리스도다." 그 말처럼 "내가 사는 것이 나라요, 내가 죽는 것이 나라다." 내가 이 말을 하는 이유는 진짜 대통령은 그리스도라는 것입니다.

예수는 별이 아니고 꽃이며, 예수는 우리의 상전이 아니라 우리의 친구입니다. "나는 너희를 종이라고 하지 않고 친구라 한다." 예수는 우리를 위해서 십자가를 지려고 왔어요. 그것이 중요한 것입니다.

그리고 우리 크리스천이란 게 무엇입니까. 우리가 다 대통령이다, 그 소리 아니겠어요? 온 국민이 대통령이 될 수 있을 때 진짜 대통령이 나올 수 있지, 아직도 온 국민이 대통령이란 의식이 없을 때는 우리가 진정한 대통령을 뽑을 수 없습니다. 그래서 우리에게 있어 대통령의 이미지가 그리스도의 이미지와 일치될 때, 그때야말로 우리가 진짜 나라를 사랑한다고 말할 수 있지 않겠습니까.

# 기쁜 부활

1980년 4월 6일

요한복음 11:17~27

예수께서 나는 부활이요 생명이니 나를 믿는 사람은 죽더라도 살겠고, 또 살아서 믿는 사람은 영원히 죽지 않을 것이다. 너는 이것을 믿느냐 하고 물으셨다.

오늘은 〈기쁜 부활〉이란 제목을 붙였습니다. 우리 기독교를 복음의 종교라고 하는데 그 복음이란 말은 기쁜 소식이란 말입니다. 기쁜 소식이란 그 '기쁨'의 근거가 부활에 있기 때문입니다. 만일 부활이 없다면 기쁜 소식일 이치가 없어요. 그래서 예수님께서는 요한복음 16장에 "이제 내가 십자가에 달렸다가 사흘 만에 부활할 텐데 그때 너희들의 기쁨은 넘칠 것이다. 그리고 이 기쁨은 세상에서 아무도 빼앗을 자가 없다"고 아주 못을

박았어요. 기독교의 부활에서 터져 나오는 이 기쁨은 이 세상에서 아무도 빼앗을 자가 없습니다. 우리가 지금 2천 년 계속 이 기쁨을 전해 오는데 정말 지금까지 빼앗은 자가 아무도 없어요. 그러니까 이 부활의 핵심은 역시 기쁨이지요.

그러면 왜 그렇게 기쁜가 그럴 때에 예수님께서는 요한복음 16장에 "그것은 내 생일날이라서 기쁘다"라고 말씀하셨어요. "너희들이 지금 근심하는데 이 근심이란 해산하는 여인이 진통을 겪는 근심이다. 이제 곧 어린애가 나온다. 그러면 너희들의 모든 근심은 기쁨으로 바뀔 것이다. 그리고 기쁨이 넘칠 것이다"라고 하셨습니다. 이 넘치는 기쁨은 아무도 빼앗지 못할 것입니다. 그래서 이 부활이란 말하자면 그리스도의 생일날이지요. 그럼 여러분이 "아니 크리스마스가 생일이 아닌가" 그러겠지요. 물론 크리스마스도 생일이겠지요. 그런데 내 생각 같아서는 그건 예수의 생일인 것 같아요. 그리고 이 부활은 그리스도의 생일이라고 말할 수 있겠지요.

그래서 오늘 나는 계란을 하나 여기 가지고 왔어요. 우리 교회에서 지금 계란을 1천 4백 개를 준비했어요. 대개 우리 교회에 7백여 명이 모이니, 여러분이 가실 때에 두 알씩 가지고 가세요. 여기 단 위에 장식한 계란은 빨갛고 노랗게 물들였지만 여러분들이 가지고 가실 계란은 물을 안 들였어요. 손에 물감이 묻지 않게 하기 위해서입니다.

이 계란이 어미닭 배에서 나올 때가 크리스마스겠지요. 그리고 다시 이 계란이 깨서 병아리가 되어 나올 때 그게 부활절이지요. 그걸 아마 우리들에게 가르쳐 주려고 늘 부활절이면 계란이 나오나 봐요.

그리스도에게는 생일이 두 번 있습니다. 물론 첫 생일도 기쁘지만 두 번째 생일은 한없이 기쁘지요. 또 그리스도에게만 생일이 두 번 있는 것이 아니라 모든 크리스천에게도 생일이 두 번 있습니다. 생일은 첫 생일이건, 둘째 생일이건 기쁜 거지요. 그러나 비교하면 둘째 생일이 말할 수 없이 더욱 더 기쁩니다.

성경에 부활에 대해서 기록한, 중요한 곳이 세 군데 있어요. 하나는 고린도전서 15장인데 바울 선생이 한 장 다 부활에 대해서만 썼어요. 그리고 또 하나 부활에 대해서 유명한 말은 누가복음 20장 사두개 교인이 와서 "부활이 무엇입니까" 할 때 예수님의 대답이 나와요. 그걸 보면 예수님이 부활에 대해 어떻게 생각하셨는가를 알 수 있어요. 또 마태복음 22장, 마가복음 12장에 똑같은 말들이 세 번 나와 있어요. 그걸 여러분이 보시면 예수님의 생각을 볼 수가 있어요.

그리고 또 한군데는 오늘 본 요한복음 11장 25절의 말씀으로 역시 예수님의 말씀이지만 요한이 기록했으니까 요한의 부활에 대한 기록이라고 말해야 되겠지요. 그래서 바울의 기록, 예수님의 말씀, 또 예수님의 말씀이지만 요한이 기록한 말씀,

그렇게 해서 우리가 세 가지 부활에 대해서 생각할 수 있어요.

그런데 바울의 기록은 길기 때문에 오늘은 그만두고 예수님의 부활에 대한 말씀만 생각해 보기로 합니다. 그 속에 내용이 또 세 개가 있어요.

어떤 남녀가 결혼을 했는데 남자가 죽었다. 그 당시 유태인의 풍습으로는 맏아들이 죽는다면 그 부인은 둘째 아들과 또 결혼을 해야 한다. 그렇게 해서 6번 결혼을 했다면 이 여자는 부활할 때 누구의 아내가 되겠습니까? 이런 질문으로 시작하는 얘기입니다.

예수님께서는 부활에 대해 말씀하실 때 두 번씩이나 "너희는 부활에 대해 오해를 하고 있는데 부활이란 한마디로 생일이다"라고 하셨습니다. 부활이란 생일입니다.

그러면 생일의 특징이 무엇인가? 세 가지입니다. 첫째, 생일이란 굉장한 변화가 있는 날입니다. 아까도 말했지만 계란이 병아리로 바뀐다. 이거 얼마나 큰 변화입니까? 이 계란은 아무것도 아니잖아요? 하지만 병아리가 되면 내가 이렇게 들고 있을 수 있겠어요? 막 뛰어다니지요. 그러니까 굉장한 변화가 있는 날입니다.

그리고 둘째, 생일이란 다 만나는 날입니다. 우리가 생일잔치 때 여러 친척들이 와서 만나는 것은 말할 것도 없고, 우선 첫 생일날 어머니와 아들하고, 아버지와 딸하고 만나는 게 아니겠어요? 이 생일의 특징은 만나는 것입니다.

그리고 셋째 특징은 낳기 전의 생명보다 나은 후의 생명이란 비교할 수 없이 활동적입니다. 계란의 삶과 병아리로 사는 것을 비교하면 병아리로 사는 것이 진짜 사는 것이지, 계란을 사는 것이라 할 수 있겠습니까. 그러니까 부활하기 전의 생명과 부활한 후의 생명을 비교하면 부활 전의 생명이란 아무것도 아니지만 그 후의 생명이란 아주 굉장한 것입니다.

그렇다면 낳기 전과 후의 차이는 어떤 것인가. 낳기 전에는 시집가고 장가가는 것이고, 낳은 후에는 말하자면 천사와 같은 것입니다. 예수님 대답이 "그것은 천사와 같은 것이다"라고 말씀하셨습니다.

그리고 이 생일의 둘째 특징은 만남인데, 예수님은 이 만남을 어떻게 말씀하시는가 하면 옛날 모세가 광야에서 양을 치다가 보니까 가시덤불에 불이 붙었어요. 그런데 불은 붙는데 타지는 않는단 말이에요. 그래서 깜짝 놀라는 순간 하늘에서 소리가 있었어요. "모세야, 모세야, 여기는 거룩한 땅이니 네 신발을 벗어라." 그래서 모세가 엎드려서 "당신은 누구십니까?" 그러니까 "나는 있고 있는 자다." 그렇게 대답을 했어요. 거기에 소위 하나님과 모세의 만남이 있지요. "나는 있고 있는 자다." I am that I am. 혹은 I am that I am being. 이런 말을 쓰는데 이 만남이란 여러분도 다 알다시피 그저 meet 한다는 것이 아니라

encounter 하는 만남입니다.

병아리가 닭과 만나는 만남이지, 계란이 닭과 만나는 만남은 아니지요. 병아리가 닭하고 만날 때 비로소 "아, 내 형상을 하나님의 형상대로 지었구나." 그걸 느낄 수 있지요. 그래 이 속에는 형상과 형상의 만남이지 물질과 물질의 만남은 아니에요. 이 만남이란 아주 독특한 만남이지요. 이것을 예수님께선 둘째 조건으로 치셨어요.

다음에 또 아브라함의 하나님, 이삭의 하나님, 야곱의 하나님이라고 했는데 하나님은 죽은 자의 하나님이 아닙니다. 산 사람의 하나님이십니다. "하나님에게는 일체가 살았다"는 말은 계란은 생명이 아니고 병아리와 같은 생명, 이것이 진짜 생명이라는 것입니다. 그러니까 부활하신 예수가 진짜 사는 예수지 부활하기 전은 계란과 같은 것이지요.

이 만남에 대해서는 여러분도 잘 아는 마르틴 부버가 그의 저서 『나와 너』에서 매우 중요한 정의를 내리고 있습니다.

그 책의 처음에 "사람은 만남을 통해서 사람이 되는 거다"라는 말이 있습니다. 사람이 하나님을 만나면 하나님이 되고, 사람이 짐승을 만나면 짐승이 됩니다. 하나님을 만나는 사람에게는 복스러운 소리가 들리고, 짐승을 만나는 사람에게는 소란한 소리가 들립니다.

그리고 이 세상의 모든 경험계는 과거에 속한 것입니다. 경험이라는 것은 과거입니다. 지날 경經 자이니까요. 우리가 지금 경험하고 사는 세상이 무엇인가 하면 과거에 속하는 것입니다. 얼마 전에 성경반에서 죄가 무엇인가 그럴 때에 과거의식을 가지고 사는 것이 죄라고 공부했는데, 과학이라는 것도 과거의식에 속하는 것입니다.

그리고 하나님을 만난 사람만이 현재에 사는 사람입니다. 이 현재에 사는 사람을 현존이라 부릅니다. 그래서 현존이라는 말이 나오지요.

제 친구 중에 안병무란 이가 『현존現存』이란 잡지를 내고 있는데 현존(Da Sein)이란 하나님을 만난 사람을 뜻하는 것입니다. 좀 더 쉽게 말하면 하나님과 같이 사는 사람, 그런 사람만이 새로운 역사의식을 가지고 새로운 생을 창조해가는 사람입니다. 경험에서 사는 사람은 다 과거의 사람이지 현재의 사람이 아닙니다. 부버가 이런 말을 쓸 수 있었던 것도 예수님의 부활론을 보고서 썼지 않나 하는 생각이 듭니다. 예수님의 말씀 속에는 굉장한 변화, 만남, 그리고 새로운 생명이 있습니다. 부버도 하나님을 만나면 하나님이 되는 굉장한 변화, 그리고 하나님을 만난 사람에게는 하나님의 소리가 들린다는 것입니다. 병아리가 알에서 깨어나면 **뽕뽕** 소리가 들리지요. 이 병아리의 생명이란 굉장한 것이거든요. 이것이 현존입니다. 계란은 과거의 생명입니다. 병아리가 현재의 생명이지요.

그럼 우리가 어떻게 하면 현재에 사는 생명이 되나? 대개 늙은 사람들은 다 과거에 사는 사람들이 많지요. 어린 사람들은 미래에 사는 사람들이 많아요. 그런데 젊은이들은 현재에 살지요. 그러니까 젊은 사람들에게는 언제나 창조가 있고, 정의감이 있고, 희망이 있습니다. 젊은 사람이야말로 현존입니다.

부버가 세 가지 얘기를 하는데 '변화와 만남과 현존' 그 같은 말씀이 마태복음 22장, 누가복음 20장, 마가복음 12장에 있습니다. 부활에 대한 예수님의 말씀입니다. 그러니까 예수님의 말씀은 병아리가 깨어 나오는 그 생각과 꼭 같은 생각입니다.

교회 역사를 살펴보면 생명에 대해서 세 가지 발전 단계를 가집니다. 맨 처음의 생명은 이 세상에서 나서 죽기까지 잘사는 것이지요. 그런 생명 — 어떻게 하면 이 세상에서 복을 받고 사나. 그것을 맨 처음에 많이 생각했어요 — 자연적인 생명이라고 해야 되겠지요. 공자에게 "사람이 죽으면 어떻게 됩니까?" 하고 물으니 "지금 사는 것도 채 모르는데 그 후를 내가 어떻게 아느냐?" 그러니 그의 관심사는 모두 지금 사는 것이 문제입니다. 동양의 도덕은 지금 사는 것이 문제지 그 후는 별로 문제 삼지 않습니다. 우리가 제1 단계로 그것을 생각해 볼 수 있지요.

그다음 제2 단계는 아무리 지금 잘 살아 보려 해도 인생이 너무 짧아요. 이것 가지고는 좀 모자라요. 좀 더 긴 삶이 있어야 되겠어요. 이것이 칸트의 『실천이성비판』에 나오는 '요청'이란 것이지요. 인생은 조금 더 긴 삶이 필요하다. 이것만 가지고는 승부가 나지 않는다. 그래서 조금 더 긴 삶, 우리가 기독교에서 말하는 영원한 생명이 필요한 것입니다.

옛날 한 유태인이 예수님께 "어떻게 하면 영생을 얻을 수 있습니까?"고 물었을 때 예수님께서 "네가 율법을 다 지켰느냐?" "다 지켰습니다." "그럼 한 가지 부족한 게 있다. 이런 걸 더 해야 한다." 이게 소위 행함으로 구원을 얻는다는 사상입니다.

혹은 또 어떤 때는 누가복음 10장에서 "하나님을 사랑하고 이웃을 네 몸같이 사랑하라. 그리하면 네가 이 세상에서는 고생하지만 내생來生에는 잘 살게 된다." 왜 이런 생각을 현생에 대해서 자꾸 하게 되는가 하면 의인이 반드시 이 세상에서 잘 사는 게 아니기 때문입니다. 그러니 의인을 이 세상에만 한정을 해놓으면 의인의 결과가 어떻게 되겠어요? 그러니까 반드시 여기서부터 또 하나 미래의 생활이 있다. 그러니까 대개 유태인의 부활에 대한 생각도 어떻게 부활하는가 하면 죽은 후에 부활한다고 생각해요. 아까도 아브라함의 하나님이요, 이삭의 하나님이요, 야곱의 하나님이요, 하는 말은 무슨 말인가 하면 아브라함도 부활했고, 이삭도 부활했고, 야곱도 부활했다는 것입니다. 그래서 그 부활을 어디다 갖다 두는가 하면 죽은 후의 부활이 되는 것이고, 그것이 바로 유태사람들의 생각입니다.

그러나 소크라테스 같은 사람, 즉 희랍사람들의 생각은 이 세상이란 영혼이 육체 속에 갇혀 있는 것이기 때문에 사람이 죽으면 이것이 곧 해방이라고 생각했습니다. 그러므로 희랍사람들의 해방 사상, 인도사람들로 말한다면 해탈이라는 것, 이것은 영혼이 옷을 벗듯이 육체에서 벗어나서 그때부터가 진짜 사는 것입니다. 그래서 석가는 생사의 윤회를 벗어나서 열반에 들어가야 된다고 했지요. 이것이야말로 소위 영혼불멸이라 해도 좋고, 열반이라 해도 좋은, 정말 사는 것입니다. 이 제2 단계의 사상은 우리 구약에도 많이 있고, 신약에도 약간 있습니다.

여기에서 또 한 단계 올라서면 바울 선생이 늘 말하는 사람은 행함으로 구원을 얻는 게 아니라 믿음으로 구원을 얻는다는 셋째 단계 ― 소위 부활의 생명이라는 것입니다. 이 부활의 생명은 공자의 현재의 삶도 아니고, 석가의 해탈도 아닙니다. 이것과 저것을 넘어서서 변증법적으로 말하자면 正이고, 反이라면 하나 더 높은 세계, Aufheben이지요.

벌레로 비교하면 제1 단계 애벌레, 제2 단계 고치, 제3 단계 나비나 잠자리가 되겠습니다. 그러니까 잠자리의 몸을 보면 꼬리는 애벌레처럼 생겼고, 가슴은 고치 같고, 눈, 날개, 이게 제3 단계입니다. 그러니 이 부활의 신앙 단계란 가장 높은 단계라고 봐야겠지요.

그래서 괴테는 앞으로 어떤 사상과 어떤 종교가 온다고 해도 이 부활의 복음을 넘어설 진리는 나타나지 않을 것인데 그 이

유는 이것이야말로 최고의 진리고, 최고의 생명이기 때문이라고 했습니다.

그러니까 이 제3 단계의 생명이란 아주 높은 단계입니다. 그런데 이 높은 단계의 생명의 특징은 언제나 여기서 저쪽으로 가는, 그런 것이 아니고, 다시 오는, 그래서 언제나 미래와 현재가 다 같이 구원을 받는, 그런 것입니다. 그러니까 이것만 구원받는 것도 아니고, 저것만 구원받는 것도 아닌, 이것도 저것도 다 같이 구원을 받는 것입니다. 그래서 언제나 예수님 말씀은 "천국을 간다" 그런 것이 아닙니다.

요전에도 말했지만 "회개하라. 천국이 가까이 왔다." 천국이 온다고 하지, 우리가 간다고 하지 않습니다. 천국이 저기 저 하늘 속에 있다는 것이 아닙니다. 천국은 언제나 너희 가운데 있다는 것입니다.

어떤 사람이 봄이 왔나 보려고 돌아다녔어요. 아무 데도 봄은 오지 않았어요. 그래 자기 집에 돌아와 보니까 울 담 밑에 해가 비치는데 거기 매화가 피어 있었지요. 아! 봄이 어디 있나 했더니 바로 여기 있었구나 생각했다고 해요. 매화가 피는 그곳에 봄은 있어요. 요전에도 대강당 채플에서 학생들에게 봄이 와서 꽃이 피는 것이 아니라 꽃이 핀 곳, 거기가 봄이라는 말을 했는데, 우리가 천국에 가서 그리스도를 만나는 것이 아니라 그리스도가 와 계신 곳, 거기가 바로 천국입니다.

찬송가 495장 3절에 "높은 산이, 거친 들이 초막이나 궁궐이나 내 주 예수 계신 곳이 그 어디나 하늘나라"라고 되어 있어요. 부활하신 예수님은 어디나 나하고 같이 계실 수 있습니다. 예수님이 부활하지 못했으면 나하고 같이 있을 수 없지요.

바울이 예수님을 만났다 하면 바울에겐 예수님이 같이 계십니다. 요한과도 같이 계십니다. 누구하고도 같이 계십니다. 그러므로 부활의 신앙이란 무엇인가 하면 하나님과 같이 사는 신앙입니다. 하나님과 같이 사는 것은 여기서만 같이 사는 것이 아니라, 저기서도 같이 살고 언제나 같이 사는 것이지요. 하나님과 같이 사는 세계, 거기가 부활이고, 거기가 생명이고, 거기가 천국이지요. 이것이 둘째 단계보다 굉장히 높고 멋있는 단계입니다.

그러니까 우리 주님 계신 곳이 그 어디나 하늘나라입니다. 주님 계신 곳, 거기가 부활입니다. 지금 요한복음 11장 24절에 선생님이 계셨으면 우리 오빠가 죽지 않았을 텐데, 할 때에 예수님께서 "이제 너희 오빠가 살아날 거다"라고 했습니다. 마리아가 "예, 저도 몇 천 년 후에 하늘에서 천군 천사가 나팔을 불고 마지막 심판할 때, 그때 우리 오빠도 부활할 줄로 압니다"라고 했지요. 부활이란 미래에 있다는 제2 단계의 생각이지요.

그때 예수님께서 하신 말이 "부활은 미래에 있는 것이 아니고 지금이 곧 부활이다." "그때가 언제입니까?" "지금이 곧 그때이다." 그래서 요한복음 11장 25절 "내가 부활이요 생명이니……" 예수님이 십자가에 달렸다가 사흘 만에 부활한다는 말도 성경에 세 번씩이나 있는데 그런 생각은 아직도 제2 계단에 속한 사람들에게 하는 말들이지요.

그런데 예수님이 그것만 얘기한 것이 아닙니다. 이 마리아는 얼마나 똑똑한 사람인지 모르겠지만 예수님께서 마리아에게 굉장한 말을 했습니다. 마리아가 "제2 계단을 저는 믿습니다" 하니까 "아니다. 한 계단이 또 있다" 하십니다. 그것이 무엇인가 하니 "내가 부활이요 생명이다." 십자가에 달리기도 전에 벌써 "내가 부활이요 생명이다"라는 것입니다. 매화꽃은 벌써 피었다는 것이지요. 매화꽃이 핀 곳에 벌써 봄이 온 것입니다. 그럼 예수님 자신이 벌써 부활이라는 말입니다.

여러분도 앞으로 죽은 다음에 부활한다, 이렇게만 생각하고 있으면 안 됩니다. 여러분 자신이 벌써 부활이고 생명이지요. 또 오늘의 부활과 생명이 있어야 이다음에도 또 부활과 생명이 있지요. 오늘의 부활과 생명이 없이 이다음에만 있다고 생각하면 안 됩니다. 아까도 얘기했지만 현존이란 현재를 사는 것입니다.

오늘, 오늘 사는 것 없이 내일만으로는 안 되지요. 그러니 예수님께서 "나는 부활이요 생명이다. 나를 믿는 사람은 죽어도 살고, 살아서 믿는 사람은 영원히 죽지 않는다." 벌써 생사를 넘어서 있다는 것입니다.

"네가 그걸 믿느냐?" 마리아가 "예, 제가 믿습니다." 나는 이 여자가 참 똑똑한 여자라고 생각해요. "당신은 그리스도시며 살아계신 하나님의 아들입니다." 그러니 하나님의 아들, 하나님과 만난 사람, 그 사람은 벌써 부활입니다. 굉장한 변화를 가진 사람, 그 사람은 벌써 부활입니다. 굉장한 생명을 사는 사람, 그 사람은 벌써 부활입니다. 그러니 언제나 부활은 내가 부활이요, 크리스천이 부활이요, 인류가 부활입니다. 우주가 부활입니다. 전체가 부활입니다.

그러므로 오늘의 기쁨은 어떤 특별한 사람만의 기쁨이 아닙니다. 교회의 기쁨이요, 인류의 기쁨이요, 우주의 기쁨이요, 전체의 기쁨입니다. 온 인류가 찾고 있는 것입니다. 이것을 앞당긴 사람이 바로 예수 그리스도입니다. 그리스도 때문에 우리도 지금 살아 있으면서 부활의 기쁨을 맛볼 수 있는 것이지요. 그게 아니라면 기독교가 무슨 기쁜 소식이겠어요.

그러면 부활 — 이제 말한 대로 생사를 초월했다, 죽음을 이겼다라고 합시다. 죽음을 이긴 사람만이 일체 공포가 없습니다. 무엇이 공포겠어요? 그런 사람만이 참 기쁨을 누릴 수 있습니다.

자유는 무엇이 자유인가. 병아리가 자유입니다. 계란은 자유가 없습니다. 첫 번 난 사람은 자유가 없습니다. 두 번째 난 사람만이 자유가 있습니다. 인류 모두가 구하는 것이 자유인데 이 자유의 핵심이 어디 있나. 부활에 있습니다. 부활 없이는 자유도 없습니다.

# 무 지 개
1980년 5월 4일

마태복음 18:1~5

  그때에 제자들이 예수께 와서 "하늘나라에서는 누가 가장 위대합니까?" 하고 물었다. 예수께서 어린이 하나를 불러 그들 가운데 세우시고 "어린이와 같이 되지 않으면 결코 하늘나라에 들어가지 못할 것이다. 그리고 하늘나라에서 가장 위대한 사람은 자신을 낮추어 이 어린아이와 같이 되는 사람이다."

    오늘은 어린이를 기념하는 주일이어서 제목을 〈무지개〉라고 붙였습니다. 여러분이 잘 아시는 워즈워드(W. Wordsworth)의 「무지개」란 시에서 따서 그렇게 붙인 것입니다.

    주보에 보면 그 시가 나옵니다. "내가 하늘의 무지개를 볼 때마다 나의 가슴 설렌다. 어렸을 때도 그랬고, 어른이 되어서도 그렇고, 앞으로 늙어서도 그럴 것이다. 만일 내게 이런 설렘이 없다면 인생은 차라리 죽는 것만도 못하다. 어린이는 어른의 아버지. 내가 하나님께 간구하기는 나의 인생의 하루하루가 자연의 신비로 이어지기를……"

인생의 핵심은 어린이입니다. 어린이의 삶은 신비한 삶입니다. 어린이에게 이 세상은 무지개 아닌 것이 없습니다. 하늘의 별도, 땅의 나무도, 그 속에 사는 새도 벌레도 일체가 신비로운 무지개입니다. 그것은 어린이가 신비 자체이기 때문입니다.

어린이는 '얼인이' 입니다. '얼 자체' 라는 말입니다. 얼이야말로 무엇을 보든지 신비롭게 만들고, 무지개로 만들고, 감격스럽게 만드는 힘입니다. 그것은 또한 만물을 창조하고, 자연을 창조하고, 인간을 창조하는 신의 힘입니다. 요정이 뿌리는 빛 가루처럼 일체를 빛으로 반짝이게 하며 일체를 살리는 힘입니다. 나무와 말하고, 꽃과 말하고, 인형과도 말하는 어린이에게는 일체가 살아 있는 것입니다.

바다여, 잔잔하라고 타이르고, 죽은 소녀를 붙잡아 일으키는 하늘의 얼인이에게는 세상에 죽음이란 있을 리가 없습니다. 하나님에게는 일체가 살아 있기 때문입니다. 죽음이 차차 멀어지고, 삶이 더욱 가까워질 때, 살아도 살고, 죽어도 사는, 얼의 삶이 얼인이의 삶입니다.

어린[幼]이를 본 자는 얼인[靈]이를 본 자입니다. 나를 본 자는 아버지를 보았습니다. 어린이는 어른의 아버지, 어른의 아버지가 얼이기 때문입니다. 이 얼이란 말은 영[靈]이란 말인데, 하나님은 영이시니, 하는 그 말을 '얼'이라고 썼습니다. 그래서 예수 그리스도가 하나님의 아들이요, 하나님의 어린이요, 하나님의 얼입니다. 하나님의 정신이란 말입니다.

우리가 어린이 주간에 어린이를 생각하는 것도 중요하지만 그리스도를 아는 것이 더 중요합니다. 그리스도를 알아야 어린이를 알지, 어린이만 알아가지고서는 그리스도를 모르게 되기 때문입니다.

그래서 오늘 어린이는 어른의 아버지라는 역설이 또 나왔습니다. 어른이 어린이의 아버지라고 말하면 당연하지만, 그것을 뒤집어서 어린이가 어른의 아버지라고 말하니 역설이 아니겠습니까? 요전에도 제가 예수는 마리아의 아들이 아니고 마리아가 예수의 딸이라고 했는데 같은 말입니다. 봄이 와서 꽃이 피는 것이 아니라, 꽃이 핀 곳에 봄이 왔다는 것도 역시 같은 말입니다. 이렇게 한 번씩 뒤집는 데 묘미가 있습니다.

"어린이는 어른의 아버지다"라는 말은 지금도 말했지만, 인생의 핵심이 어린이라는 말이지요. 어린이란 생명 덩어리 아니겠습니까? 가장 생명이 왕성한 것이 어린이 아니겠습니까? 어린애는 석 달 만에 배로 늘어난다고 합니다. 무게는 석 달 만에 2배가 되고, 키는 1년 만에 3배가 된답니다. 가장 생명이 왕성한 생명 덩어리인데 그 생명의 핵심이 무엇인가. 얼입니다. 생명의 핵심이 영입니다. 성경 로마서 8장에 나오는 영이라는 것이 생명의 핵심입니다. 그래서 얼이 없으면 생명이란 없게 되는데 얼 자체가 생명이기 때문입니다.

생명이란 살았다는 것인데 여기 워즈워드가 신비라는 말을 쓰지요. "생명이란 참 신비하다." 사실 신비합니다. 또 "생명이 있는 곳에는 감격이 있다"고 감격이란 말도 쓰고 있고, "생명이 있는 곳에는 기쁨이 있다"고 기쁨이란 말도 쓰고 있습니다. 사람이 살려면 신비가 있고, 감격이 있고, 기쁨이 있어야 하므로 우리가 그것을 자꾸 찾는데, 결국 생명이란 인간의 핵심이며 이상입니다.

생명의 덩어리가 어린이니까 어린이는 인생의 핵심이며 인생의 이상이라는 말입니다. 그래서 마태복음 18장에 보면 예수님께서도 "너희들이 어린이 같지 않으면 천국에 갈 수가 없다"며 어린이같이 되라는 말을 했습니다. 19장에서도 또 나옵니다. 사람들이 어린이들을 데리고 올 때 제자들이 말리자 예수께서는 어린이들이 오는 것을 금하지 말라고 하셨습니다. "천국은 이런 자의 것이다"라고 하셨습니다.

생명의 핵심과 이상을 우리들이 어린이에게서 보는 것인데 마태복음 18장에 "어린이 같지 않으면 천국에 갈 수 없다"고 했습니다. 또 19장에 "천국은 어린이의 것이다"라고 하시면서 거기 두 가지 조건이 붙는데, 하나는 어린이처럼 순진해야 한다는 '순진'이란 말이 붙고, 다른 하나는 어린이처럼 "자기를 낮추어야 한다"고 하셨습니다. 그러니까 "천국이 저희의 것"이라고 하는 조건은 순진해야 한다는 것과 어린이처럼 자기 자신을 적게 해야 한다는 두 가지가 핵심입니다.

순진이라고 할 때 그 '순'은 나무가 자라나는 맨 끝이 순입니다. 한자로 쓰면 실 사 변에 한 일 자는 땅이고, 아래는 뿌리고, 땅을 뚫고 조금 나온 싹이 순純 자입니다. 땅 위에서 싹이 터 나오는 게 순입니다. 내가 순純 자로 잘 아는 말은 장자莊子 속에 나오는 말인데 "참만고일성순參萬古一成純"이라는 말이 있습니다. 만고에 참여해서 순純을 이룬다. 나는 이 말을 참 좋아하는데, 그 말의 뜻은 나무가 온 힘을 다 합쳐서 그 순에다 모든 정성을 쏟는다는 것입니다. 아무리 큰 나무라도 뿌리와 잎과 꽃도 전체가 힘을 합쳐서 그 힘을 순에다 보낸다는 것입니다.

우리 가정에서도 아버지도 어머니 또 누구도 다 힘을 합쳐서 어디다 관심을 쏟는가 하면 어린이에게입니다. 자기 집의 어린이에게 정성을 온통 쏟는다는 것입니다. 집에 있는 모든 돈도 아프면 치료비를 대야 하고, 요새처럼 과외공부도 시켜야 하니 온통 자녀에게로 갑니다. 그게 소위 "참만고일성순"입니다.

그럼 사람은 내 모든 정성을 무엇에 쏟아야 되나. 내 자신입니다. 내 속에 있는 순, 즉 내 속에 있는 생명입니다. 그것을 소크라테스 같은 사람은 얼이라고 했습니다. 영혼이란 말입니다. 내 영혼을 돌보는 일, 이것을 위해서 내 모든 정성을 쏟아야겠다는 것이 소크라테스의 영혼을 돌본다는 사상인데 그것을 소위 덕이란 말로 썼습니다. 아레테, 즉 덕이란 모든 정성을 자기의 영혼을 돌보는 데 쏟아야 한다는 말입니다. 영혼은 얼이고, 얼은 곧 생명입니다. 영혼이 생명이고 또 내 생명을 위해서 전부를 쏟는 것, 이것이 기독교로 말하면 신앙입니다. 우리가 무엇을 위해서 정신을 쏟겠습니까. 내 생명을 구원하기 위해서 모든 것을 쏟아야 합니다.

생명이 무엇인가. 얼이라는 것입니다. 그러면 얼은 무엇과 같은가. 나무의 순과 같다. 이 순이 하늘로 올라가듯이 이 얼이 마침내는 하나님 앞으로 간다는 것입니다.

우리 집안의 얼이 누군가. 어린이입니다. 나는 어린이란 말과 얼인이라는 말을 같게 썼는데, 집안의 얼이 어린이입니다. 우리 국가로 보면, 국가 전체가 관심을 쏟는 데가 학생입니다. 학생이 우리 국가의 어린이입니다. 요새 우리 전 국민이 관심을 쏟는 데가 학생들이겠지요. 학생들이 앞으로 어떻게 나올 것인가. 이것이 지금 굉장한 관심사입니다.

또 인류의 제일 큰 관심사는 약소국들입니다. 가난한 나라들입니다. 빌리 브란트 위원회가 UN에 낸 보고서에서 "우리가 이 세계의 가난한 나라들을 구해 주지 않으면 앞으로 이 세상은 끝장이 난다"고 했습니다. 결국 마찬가지 말입니다. 어린이를 기르지 않으면 앞으로 우리 집안이 망한다는 소리입니다. 그러면 우리가 이 가난한 나라들에게 최저한 얼마나 도와주어야 하는가 하면 40억 달러라고 합니다. 왜 그런 말을 하게 되었나 하면 1978년도에 가난한 나라에서 물이 오염되어 많은 어린이들이 죽었는데, 신문에 보니까 5세 이하의 아이들이 2천만 명이 죽었답니다. 지금 세계의 강대국들이 무기를 만드는데 쓰는 돈이 4천 5백억 달러입니다. 그러니 지금 사람 죽이려고 만드는 그 돈의 1백 분의 1만이라도 우리가 어린이를 살리는 데 쓰자고 신문에 났습니다.

그리고 이 우주의 어린이는 누군가. 그리스도입니다. 그래서 샤르댕 같은 이는 앞으로 5만 년 후에 인류의 역사가 가 닿을 데가 어딘가. 그것을 오메가 포인트라 하는데 그것이 그리스도라는 것입니다. 그러니까 나 자신의 어린이, 우리 가족의 어린이, 국가의 어린이, 세계의 어린이, 인류의 어린이, 이 어린이를 돌보지 않으면 망한다는 것입니다. 그렇지 않겠습니까. 그러니까 어린이를 돌본다는 사상은 좁게 생각하거나, 확대해서 생각하거나 참 중요한 것입니다.

그런데 이 순진하다는 순을 우리가 사랑해야 되며, 나무의 끝을 잘라 버리거나 하면 안 되는데, 이것은 즉 어린이의 기를 자르면 안 된다는 것입니다. 순을 자르면 나무는 크지 못하니다. 요새 자꾸 과외공부를 시켜서 아이들의 기가 죽는다고 하는데 이거 큰 문제입니다. 기가 죽어서 어린이가 자라지 않으면 나라는 망하는 겁니다. 어린이는 순입니다. 그러니까 우리가 그 순을 보호해서 잘 자라도록 하는 것, 그것이 결국은 어린이를 사랑한다는 생각입니다. 그것이 그리스도를 사랑하는 생각과 통하는 것이고, 그것이 가난한 나라를 사랑한다는 생각과 통하는 것이고, 자기 영혼을 돌보는 생각과 통하는 것입니다.

또 하나 어떻게 하면 천국에 들어가나. 어린이처럼 자기 자신을 낮춘다. 어린이처럼 자기 자신을 작게 한다. 우리가 그것을 한마디로 꼬집어 말한다면 무아無我라는 말로 표현할 수 있습니다. 무아, 나 자신을 없게 한다. "마음이 가난한 자는 복이 있나니 천국이 저희 것이다." 나를 없게 하는 사상, 그런데 어린이는 자기라는 게 없습니다. 어린이에게 있으면 무엇이 있나. 엄마밖에 없습니다. 어린이는 자기가 없습니다.

그래서 공자 같은 사람은 어린이의 핵심을 '무아無我'라고 말했습니다. 노자는 어린이의 핵심을 한마디 더 붙여서 '무지無知, 무욕無慾'이라고 했습니다. 어린이는 아무것도 모른다. 또 어린이는 욕심이 없다. 그래서 우리 동양에서는 어린이의 핵심을 무아, 무지, 무욕이라고 봅니다.

그러니까 어린이는 자기가 없기 때문에 일체가 자기입니다. 아까 얘기한 꽃과도 말하고 나무와도 말한다는 게 가능합니다.

또 어린이는 지식이 없기 때문에 어린이처럼 총명한 게 없습니다. 어른들은 외국어를 하나 배우려면 10년 걸려도 안 됩니다. 내가 미국에 갔을 때 우리 학교에 한 일본 사람이 있었는데, 미국에 온 지 40년이나 되었답니다. 그런데 영어 하는 걸 보면 정말 엉터리입니다. 40년 있어도 안 된다는 겁니다. 그런데 어린애들은 외국에 데려다 놓으면 2년만 있으면 다 통합니다. 어린이의 총명함은 아주 기가 막힙니다. 어린이는 무지이기 때문에 총명한 것이라고 말할 수 있습니다. 곧 어린이는 아무것도 모르니까 다 아는 것입니다. 소크라테스의 말로 하면 '무지無知의 지知'라는 것입니다.

그리고 어린이는 아무 욕심이 없기 때문에 세상을 다 가졌습니다. 예수님께서 하신 "온 우주가 내 것이다"라는 말도 같은 말입니다. 그러니까 아무것도 없기 때문에 다 있는 것이고, 아무것도 모르기 때문에 다 아는 것이고, 아무것도 가진 것이 없기 때문에 다 가진 것이라고 표현할 수도 있습니다. '다'라는 말 대신에 어머니라고 말할 수도 있습니다.

어린애는 아무것도 가진 것이 없지만 어머니는 가졌다. 어린애는 아무것도 모르지만 어머니는 안다. 어린애는 자기는 없지만 어머니는 있다. 그렇게 되어서 우리가 어머니란 말 대신에 하나님이란 말을 다시 바꿔 놓으면 그리스도의 믿음이 그대로 드러납니다. 예수님은 아무것도 알지 못했어도 하나님은 안다.

아무것도 갖지 못했어도 하나님은 가졌다. 아무것도 사랑하지 않았어도 하나님은 사랑했다. 이렇게 말하면 역시 마찬가지입니다. 이렇게 해서 동양 사람들은 어린이의 특징을 무아, 무지, 무욕이라 했습니다.

그런데 서양 사람들은 이렇게 생각합니다. 어린이는 혼자 있기를 싫어한다. 그러니까 어린이는 친구가 있어야 한다. 같이 있어야 한다고 했습니다. 또 어린이는 욕심이 없기 때문에 책임이 없습니다. 그러니까 자유롭습니다.

그리고 어린이는 아래에 있길 싫어합니다. 자꾸 올라가려고 합니다. 어린이는 나무 꼭대기라도 올라가서 집을 지으려고 하고 무엇이라도 있으면 자꾸 올라가려 합니다. 같이 있어야 하고, 올라가려고 합니다. 또 어린이는 가둬 두는 걸 싫어합니다. 자꾸 나가려고 합니다. 이 세 가지를 요즘 말로 하면 어린이는 자유와 정의와 민주사상을 가졌다고 표현할 수 있습니다. 이것이 어린이의 핵심입니다. 누구와 같이 있어야 하는 것이 민주입니다. 올라가야 됩니다. 정의입니다. 또 갇혀 있길 싫어합니다. 자유입니다. 요새 우리나라에서 찾는 게 자유와 민주와 정의인데 이것이 바로 어린이의 성격입니다.

그런데 만일 이것을 거부하는 사상이 있다면, 어린이처럼 반항하는 게 없습니다. 어린이의 성격에 자유를 억압당한다 하면 막 반항합니다. 또 정의에 대해서 부정이 나온다고 할 때 막 격분합니다. 그리고 자기를 혼자 있게 만들면 막 깨뜨리고 나가려고 합니다. 그래서 어린이의 반대의 성격은 반항과 격분과 파괴입니다. 그러니까 어린이는 어떻게 보면 굉장히 무서운 존재입니다.

어린애가 반항할 때 부모가 할 수 있는 것은 고작 때리는 것입니다. 그런데 때려도 반항하면 어떻게 합니까. 그다음 단계는 죽여야 하는데, 죽이면 자기 자신도 죽고 맙니다. 이게 곧 4·19라는 것입니다. 때려서 수그러들면 되는데 그래도 안 되면 어떻게 합니까. 그러니까 학생운동이 무섭다는 것입니다. 학생들이 부정不正에 대해서 "나는 참을 수 없다"는 격분이 터져 나올 때는 무서운 것입니다. 자유가 억압되어서 "나는 이 속에서는 못 견디겠다"는 반항이 나올 때 이건 무서운 것입니다. 이렇듯 어린이들의 반항과 격분과 파괴는 상당히 놀라운 큰 힘이 있습니다.

그러면 이 20세기란 시대는 어떤 시대인가. 우리가 제1차 세계대전과 제2차 세계대전을 겪고 이제 또 제3차 세계대전을 겪으려고 하는데, 지금 이 시대는 자유를 억압하고 또 정의가 부패되고 그리고 민주가 내리눌리는, 말하자면 독재와 억압과 부정, 이런 것이 세계적으로 역사에 나타나는 때입니다. 여기에 반항한 것을 제1차 대전으로 볼 수 있습니다.

또 히틀러, 무솔리니, 스탈린의 독재와 억압과 부정을 거부하고, 자유와 민주와 정의를 드러내보자고 한 것이 제2차 대전입니다.

그러면 어느 편이 이기나. 언제나 억압하는 편보다는 반항하는 편이 이겨왔습니다. 앞으로도 나는 그렇게 되리라고 생각합니다. 왜 그런가 하면, 반항하는 편은 젊은 층이고, 억압하는 편은 늙은 층이기 때문입니다. 반항하는 층은 언제나 역사의 새 시대에 속하는 층입니다. 싸워서 단번에 승부가 나면 모르겠지만 전쟁이 질질 끌기 시작하면 결국은 젊은이에게 늙은이가 지게 마련입니다. 그래서 언제나 자유진영이 이기게 되고, 독재진영이 지게 됩니다. 역사의 교훈을 보면 그렇게 되어 있잖습니까.

그러니까 결국은 누가 이기나. 어린이가 이기게 되어 있습니다. 정의가 이기는 것입니다. 자유가 이기는 것입니다. 결국은 민주가 이기는 것입니다. 왜? 그것은 그 자체로써 고귀하기 때문입니다. 그것 자체로 힘이 있기 때문입니다. 마침내는 이깁니다. 그래서 어른과 어린이의 싸움에서는 어린이가 이긴다는 말입니다. 또 어린이가 이겨야지 아버지가 이기는 세상에선 나라가 발달되지 않습니다. 가족도 마찬가지입니다.

공자가 말하길 언제나 아들이 아버지를 이기는 것, 그것을 효라고 했습니다. 효는 무엇인가. '기자승어부其子勝於父'라고 했습니다. 아들이 아버지를 이기는 것이 효이고 그 집안이 잘

되는 것입니다.

　나보다도 학생들이 더 많이 알아야 공부 잘하는 학생들이지, 선생보다 차차 못해져서 선생이 하라는 대로 한다면, 그건 공부 못하는 학생입니다. 언제나 젊은이들은 선생을 프로테스트하고, 격분하고, 파괴하고 더 새로운 세계, 더 큰 세계를 이룩해 가야지, 선생보다 못하고 떨어진다면 망하고 맙니다.

　그리고 젊은 사람들이 부르짖는 자유에는 책임이 따르는 것입니다. 책임 없는 자유는 자유라고 할 수도 없습니다.

　오늘 내가 이 말을 하기 위해서 현대 미술을 좀 설명해야겠는데 현대 미술의 대표로 피카소를 한번 들어봅시다.

　피카소의 그림은 반항과 격분과 파괴, 이 세 가지를 합친 것입니다. 피카소의 그림을 보면, 입체라는 게 없습니다. 평면이지 구상이 없습니다. 추상이지 통일되는 것이 없습니다. 단편으로 다 조각조각 깨어진 것을 모았다는 것입니다. 그것이 현대입니다. 현대란 깨어진 세계요, 구상이 없어지고 추상이 나타나는 세계요, 또 입체가 없어지고 평면이 드러나는, 이런 세계입니다. 그러면 그런 세계, 반항과 격분과 파괴의 세계 속에서 미를 발견해내는 것, 이것이 현대의 예술가입니다.

　고대의 예술가는 신화 속에서 미를 발견했습니다. 중세의 예술가는 신앙 속에서 미를 발견했습니다. 또 르네상스의 예술가는 고전 속에서 미를 발견했습니다. 낭만주의에선 자연 속에서 미를 발견했습니다.

　그런데 현대의 예술가들은 전쟁 속에서 미를 발견한다는 것입니다. 자유와 정의와 민주 속의 미를 발견하는 사람들, 그들이 현대 예술가입니다. 우리가 자유와 정의와 민주를 이룩하기 위해서 거기에 반항이 있고, 격분이 있고, 파괴가 있지만 그 속에 아름다움이 있다는 것을 깊이 보지 않으면 안 됩니다.

　우리가 피카소의 「게르니카」 같은 그림을 그저 얼핏 보아서는 모릅니다. 그것을 깊이 보면 사르트르가 말한 것처럼 "20세기의 미가 여기 다 결집되어 있구나!" 할 만한 미가 그 속에 있다는 것입니다. 그러니까 우리가 이 20세기를 본다는 눈은 참 어려운 것입니다. 우리가 봐서는 전부 다 깨져서 없는 것 같습니다. 그러나 20세기의 미는 과거 18세기나 19세기에서 볼 수 없는 가장 심각한 미가 나타나는 것입니다.

　유명한 얘기가 있는데, 칸딘스키(Wassily Kandinsky)라는 화가가 자기 화실에 들어갔습니다. 그런데 거기 아주 신비하게 빛나는 그림이 하나 걸려 있었습니다. 깜짝 놀라서 가까이 가서 보니 그것이 자기가 말을 그린 그림인데 다른 사람이 그것을 거꾸로 걸어 놓았습니다. 칸딘스키가 그것이 자기가 그린 말의 그림이라는 것을 아는 순간, 그 속의 신비한 광채는 없어지고 말았습니다. 이것이 이른바 구상과 입체와 전체를 가지는 순간, 그 속의 신비한 아름다움은 사라지고 말았다는 것입니다. 그래서 이 화가는 어떻게 하면 구상이 되기 이전의 추상에서, 입체가 되기 이전의 평면의 세계에서, 전체가 되기 이전의 단편의 세계에서 미를 나타낼 수 있나를 굉장히 애쓰고 찾았습니다. 그건 그 사람 혼자 찾은 것이 아니고, 현대 화가들이 다 찾은 것입니다. 그러다가 찾아낸 것이 원시인들의 그림에서였습니다.

쉽게 말하면 이집트 사람들의 그림은 전부 평면입니다. 그들의 그림은 사람의 눈이 하나입니다. 피카소의 그림과 비슷합니다. 이집트 사람들의 그림엔 별 괴물이 다 나옵니다. 그런 속에서 원시인들이 처음으로 대자연을 접했을 때, 그때 느끼는 아름다움이 어떤 것이었을까? 그렇게 해서 소위 원초적인 아름다움을 찾기 시작한 것입니다.

그래서 결국은 이 문명세계를 다 깨뜨려 버리고, 문명 이전의 세계에서 새로운 어린이의 아름다움을 찾는 것입니다. 어린이들의 그림을 보면 평면입니다. 어떤 것은 눈이 하나입니다. 그리고 어떤 것은 머리카락을 새빨갛게 칠하기도 합니다. 왜 그렇게 칠하는가 하면 아이들은 느낀 그대로를 표현하기 때문입니다. 그러니까 결국은 관념 이전의 세계입니다. 관념이 되면 안 되는 것입니다. 그래서 이 원초적인 추상화 속에서 아름다움을 찾아내려고 애쓰는 것이 현대 미술입니다.

이 원초적인 아름다움이란 무엇인가. 그건 어린이의 아름다움입니다. 동시에 정의와 민주와 자유의 아름다움입니다. 그것을 찾았을 때 우리는 현대인의 구실을 하는 것이고, 그렇지 못할 때 우리는 영원히 고대인이나 중세인이나 근대인이 될 수밖에 없습니다.

# 제 2 부

1981년 설교

마음이 가난한 자가 누군가.
예수 그리스도다.

의를 위해 핍박 받은 자가 누구인가.
예수 그리스도.

마음이 깨끗한 자가 누구인가.
예수 그리스도.

화평케 하는 자가 누구인가.
예수 그리스도.

애통하는 자가 누구인가.
예수 그리스도.

자비한 자가 누구인가.
예수 그리스도.

의를 위해 주린 자가 누구인가.
예수 그리스도.

온유한 자가 누구인가.
예수 그리스도.

다 예수 그리스도입니다.

# 불

1981년 7월 26일

요한복음 16:33
"나는 너희가 나에게서 평화를 얻게 하려고 이 말을 한 것이다. 너희는 세상에서 고난을 당하겠지만 용기를 내어라. 내가 세상을 이겼다" 하고 말씀하셨다.

율곡은 19살에 금강산에 들어가면서 "내가 산에 들어감은 내 속에 있는 산을 찾기 위해서요, 내가 물을 따라감은 내 속에 있는 물을 만나기 위함"이라고 하였습니다. 인간은 누구나 자기 속에 인간의 존엄성이라는 산을 가지고 있고, 인간은 누구나 자기 속에 지식의 위대성이라는 바다를 가지고 있습니다. 흘러가는 물소리가 참 말씀이요, 우뚝 솟은 푸른 산이 산 사람입니다.

산은 사람 밖에도 있고, 사람 안에도 있고, 사람이 되기도 합니다. 물은 사람 밖에도 있고, 사람 안에도 있고, 사람이 되기도 합니다. 어진 사람이 산을 즐김은 산이 되어 즐기는 것이요, 아는 사람이 물을 좋아함은 물이 되어 즐기는 것입니다.

산이, 산이 되고, 물이, 물이 되는 것은 거저 되는 것이 아닙니다. 푸른 산이 걸어야 하고, 돌 여인이 밤에 아기를 낳아야 합니다. 젊은 산이 무거운 짐을 지고 골고다로 올라야 하고, 늙은 바다가 아기를 건지러 갈릴리 바다를 걸어야 합니다. 산이, 산이 되기란 쉬운 일이 아니요, 물이, 물이 되기란 간단한 일이 아닙니다.

내가 30년 전에 세상을 모르고 살 때는 산을 보아도 그것이 산이요, 물을 보아도 그것이 물이더니 내가 세상을 알고 보니 산은 이미 산이 아니요, 물은 이미 물이 아니더라. 그런데 지금 다시 세상을 떠나 산과 물을 바라보니 산은 그대로 산이요, 물은 그대로 물이더라. 산이 그대로 산이요, 물이 그대로 물일 때 산은 산이요, 물은 물일 것입니다.

우리가 밖에 있는 산을 찾아가고 물을 찾아가는 것은 더위를 피하기 위한 좋은 방법입니다. 그러나 오늘 여러분이 교회에 온 것은 우리가 우리 속에 있는 산과 우리 속에 있는 바다를 찾으러 왔다고 생각합니다. 우리가 속에 있는 산과 속에 있는 바다를 정말 알기만 하면 밖에 있는 산과 밖에 있는 바다보다도 훨씬 시원한 것을 느낄 수가 있을 것입니다. 결론은, 내가 산이 되고, 물이 될 때에만 완전한 피서가 된다는 것입니다.

그런데 산이, 산이 되고, 물이, 물이 되기 위해서는 세 단계의 발전이 있어야 하는데, 그 발전의 두 핵심이 십자가와 부활입니다. 젊은 산이 짐을 지고 골고다를 올라간다는 말이 십자가라는 말이고, 돌 여인이 아기를 낳는다는 말은 부활이라는 말입니다. 십자가와 부활, 이 두 고비를 건너서지 못하면 역시 영원한 피서는 안 된다는 말씀입니다.

그동안 계속해서 요한복음을 다루어 왔는데 요한복음 16장에서 특히 중요하다고 생각되는 16장 8절, 13절, 28절, 33절 이렇게 4절을 적었습니다.

16장 8절: 그분이 오시면 죄와 정의와 심판에 관한 세상의 그릇된 생각을 꾸짖어 바로잡아 주실 것이다.

16장 13절: 그러나 진리의 성령이 오시면 너희를 이끌어 진리를 온전히 깨닫게 하여 주실 것이다. 그분은 자기 생각대로 말씀하시지 않고 들은 대로 일러 주실 것이며, 앞으로 다가 올 일들도 알려 주실 것이다.

16장 28절: 나는 아버지께로부터 나와서 세상에 왔다가 이제 세상을 떠나 다시 아버지께 돌아간다.

16장 33절: 나는 너희가 내게서 평화를 얻게 하려고 이 말을 한 것이다. 너희는 세상에서 고난을 당하겠지만 용기를 내어라. 내가 세상을 이겼다.

오늘 설교의 제목은 〈불〉입니다. 그런데 우선 여러분께서 세상을 이기기 전에 더위를 이길 생각을 많이 해야 되겠는데 어떻게 하면 더위를 이길 수 있나. 내가 생각하는 비결은 건강한 육체를 가지는 길밖에 없다는 것입니다. 몸이 약하면 더위가 더욱 심하게 느껴질 것입니다. 몸이 강해서 그 기운을 가지고 이 더위를 이겨야겠습니다. 그래서 우선 건강한 육체를 보존하기 위해 여러분이 애써야 되겠고, 또 건강한 정신을 가지고 이 더위를 이겨나가야 되겠습니다. 정신이 자꾸 퇴락하면 이 더위에 쓰러지고 맙니다. 그래서 정신을 건강하게 가져야 되겠고, 더 나아가 말하자면 우리의 영혼을 더 튼튼하게 해서 더위쯤이야 문제가 되겠느냐 할 정도로 이 더위를 아무 것도 아닌 것처럼 생각할 수 있는 마음가짐을 가질 수 있도록 훈련을 해야 되리라고 생각합니다.

요한복음 16장은 예수님께서 십자가를 지시기 전에 말씀한 것입니다. 만약 여러분께서 내일 십자가를 진다고 한다면, 오늘 더위쯤은 문제가 안 될 것입니다. 그런데 8절을 보면 죄와 의와 심판에 대해서 말씀하신 부분이 있습니다. 쉽게 말하면, 세상 사람들은 내가 잘못했다고 말하지만 사실은 내가 잘못한 것이 아니고 세상 사람들이 잘못하고 있다. 또 세상 사람들은 내가 졌다고 생각하고 있지만 사실은 내가 진 것이 아니라 세상 사람이 진 것이다. 또 세상 사람들은 내가 죽는다고 생각하지만 사실은 내가 죽는 것이 아니라 세상 사람들이 죽는 것이다. 그러니까 언제나 보따리는 바꿔진다는 말입니다.

옛날 소크라테스가 "너희들은 나를 땅에 파묻는다고 생각하지만 사실은 너희 자신을 땅에 파묻고 있는 것이다"라는 말을 했습니다. 그리고 "내가 일생 아테네 사람들을 위해서 한 말이 있다면, '아테네 사람들이여, 여러분의 영혼을 잘 돌보십시오'라는 그 말밖에 없다"는 말을 했다고 합니다.

내가 늘 말하지만 공자는 "몸을 잘 돌보라" 즉 '수신'을 강조했고, 또 석가는 우리의 "마음을 잘 돌보라"고 했으며, 소크라테스는 그 당시의 말로 "정신을 잘 돌보라"고 하였고, 예수님께서는 "너희의 영혼을 잘 돌보라"고 하셨습니다. 그렇게 4대 성인들이 대개 비슷한 말을 했는데 육체를 돌보라는 공자의 말씀도 소중하고, 마음을 돌보라는 석가의 말씀도 소중하고 또 정신을 돌보라는 소크라테스의 말씀도 소중하고, 영혼을 돌보라는 예수님의 말씀도 소중합니다. 우리가 이런 더운 때를 당하면 당할수록 이런 것을 잘 돌보아야 합니다.

그런데 오늘 예수님께서, "잘못이란 것은 무엇인가, 죄라고 하는 것이 무엇인가, 너희들이 나를 믿지 않는 것이 죄"라고 말씀하셨습니다. 다른 것이 죄가 아니라 예수 그리스도를 믿지 않는 것이 죄이다. 그러니까 바꾸어 말하면 영혼을 돌보지 않는 것이 죄라는 말입니다.

그런데 우리는 예수님을 사랑하는 사람들이기 때문에, 내가 내 영혼을 돌보는 것이 아니라 예수님이 내 영혼을 돌보아 주십니다. 우리는 그저 예수님을 믿기만 하면 됩니다. 모든 문제는 예수님이 다 해결해 주시니까요. 우리는 배를 타기만 하면 됩니다. 배가 가도록 하는 것은 선장이 하는 것이지, 우리가 어떻게 할 수는 없습니다.

예수님을 믿지 않는 것이 죄라고 하신 것이 죄에 대해서 하신 말씀이고, 그다음 의에 대해서 "내가 옳다고 하는 것은 내가 이제 너희를 떠나서 하나님께 가는 것이며, 하나님께서 나를 받아준다는 것이요, 하나님께서 나를 받아준 것이 내가 옳다는 증거다"라고 말씀하셨습니다. 그러니까 소크라테스는 "성령이 책망하지 않는 것이 내가 옳은 증거"라고 말했는데, 예수님은 "내가 아버지께 가는 것이 옳은 증거"라고 말씀하신 것입니다.

그리고 마지막 심판에 대해서 "너희들은 나를 잘못했다고 사형 집행을 하지만 사실 너희는 나를 죽이는 것이 아니라 너희 자신을 죽이고, 너희가 너희 자신을 심판하고 있다는 것을 알아야 한다"고 하셨습니다.

이상의 세 마디가 유명한 말입니다. 죄라고 하는 것은 무엇인가. 간단해요. 예수님을 믿지 않음이 죄입니다. 의라는 것은 무엇인가. 우리가 하나님께 가는 것이 의입니다. 심판이라는 것은 무엇인가. 우리가 남을 심판하면 그것이 곧 나 자신을 심판하는 것입니다. 우리는 아무도 남을 심판할 수 없습니다. 심판은 누구만이 할 수 있나. 그것은 하나님만이 할 수 있습니다. 즉 우리가 다른 사람을 이렇다 저렇다 할 수 없다는 말입니다.

그런데 이 믿음이라는 것은 무엇인가. 우리가 여러 각도로 생각할 수 있지만, 나는 쉽게 말해서 예수님과 같이 죽었다가 예수님과 같이 살아나는 것, 그것이 믿음이라고 생각합니다.

성경은 간단합니다. 아담이 죄를 졌다고 하면 그것은 아담 개인의 문제가 아니라 인류 전체의 문제가 되고 말며, 아담이 죽었다는 것은 인류 전체가 죽은 것이 됩니다. 아담이 죄를 지으면 아직도 오지 않은 사람들까지도 다 죄를 짓고 마는 것이고, 아담이 죽었으면 아직 세상에 오지도 않은 아이들까지도 다 죽고 마는 것입니다. 성경은 아주 간단합니다.

구원도 아주 간단합니다. 예수님이 십자가를 졌다는 것은 아직도 세상에 태어나지 않은 아이들도 다 십자가를 진다는 것이며, 예수님이 부활했다고 하면 아직도 세상에 오지 않은 아이들도 다 부활하는 것이 됩니다. 그러니까 예수님께서 십자가에 달리실 때 나도 달리고, 예수님께서 부활하셨을 때 나도 부활하게 되는 것입니다. 이 이상 더 간단하게 말할 수는 없습니다. 이런 것을 키에르케고르는 '동시성同時性'이라는 말로 나타냈습니다.

예수가 죽으면 다 죽은 것이고, 예수가 살아나면 다 살아난다. 그래서 옛날식으로 말하면 일즉일체一卽一切입니다. 하나가 어떻게 되면 다 어떻게 되고, 또 하나가 어떻게 되면 다 어떻게 된다, 이것이 믿음입니다. 예수와 나와 공동운명체에 놓이게 된 것입니다. 그러니까 마치 결혼한 사람들은 부부이기 때문에 남자가 돈을 벌면 여자도 번 것이고, 남자가 실패했으면 여자도 실패한 것과 마찬가지입니다. 예수님께서 십자가에 달렸으면 나도 달린 것이고, 예수님께서 부활하셨으면 나도 부활한 것입니다.

그런 것을 재미있는 표현으로, 봄이 와서 꽃이 핀 것이 아니라 꽃이 피어서 봄이 왔다고 합니다. 꽃이 하나 피니까 전체가 다 피고 만다. 하나가 전체에게 영향을 끼친다. 그러니까 예수님 한 사람에게 이루어진 운명이 우리 인류 전체의 운명과 같아진다는 것이며, 그것을 우리가 믿음이라고 합니다.

그러니까 이런 것은 아무리 설명을 해도 설명이 안 됩니다. 그것은 그대로 그렇게 믿어야지 설명으로 이해가 될 수 있는 것은 아닙니다. 그런데 나는 "예수님께서 십자가에 달렸을 때 나도 달렸다. 예수님께서 부활했을 때 나도 부활했다." 이렇게 생각합니다. 그러면 나는 참 기분이 좋습니다. 부활했으니까 기뻐한다든지 행복하다든지 하는 말이 자꾸 나오는 것입니다. 그런데 그렇게 되려면 뭘 많이 알아서 그렇게 되는 것은 아닙니다. 어떻게 해야 그렇게 되나. 순진해야 됩니다. 나는 비교적 순진합니다. 바울 선생도 순진하신 분인데 갈라디아 2장 20절에서 "내가 그리스도와 같이 십자가에 못 박혔으니 지금 내가 사는 것은 내가 사는 것이 아니요, 그리스도가 내 안에서 사는 것이다. 내가 지금 육체 안에 사는 것은, 나를 사랑하사 그 몸을 나를 위해서 바치신 예수 그리스도를 믿는 믿음 안에서 사는 것이다"고 하셨습니다.

그것은 예수님의 십자가와 예수님의 부활이 내 십자가와 내 부활과 일치되고 만다는 것입니다. 그러니까 이 세상 사람들이 생각할 때 사람은 살다 죽는다고 생각하는데, 이 믿음이라는 것은 죽었다가 산다고 생각하는 것입니다. 거꾸로 생각하는 것입니다. 회개하는 것입니다. 사람은 살다 죽는다. 그렇지만 뒤집어 놓고 보면, 회개하고 보면, 죽었다 사는 것이라고 할 수 있습니다. 그걸 믿는 것입니다.

그런데 죽었다 산 증거는 무엇인가. 그다음 13절입니다. 진리를 깨닫게 된다. 이 진리를 깨닫는다는 것은 보통 일이 아닙니다. 옛날 희랍 사람들은 소크라테스 같은 사람이나 진리를 깨닫는다고 생각했으며, 또 불교도들은 석가 같은 사람이나 진리를 깨닫는다고 생각합니다. 공부 많이 한 사람, 똑똑한 사람, 그런 사람이나 진리를 깨닫는 것이지 우리 보통 사람들은 어림도 없는 일이라고 말하는데 비해서, 예수님께서는 우리에게 13절에서 "내가 이제 너희에게 성령을 보내 준다. 이 성령은 진리의 영이다. 이 진리의 영이 너희에게 가서 다 가르쳐 줄 것이다.

그러면 이제 너희들이 아무리 바보라도 진리를 깨달을 수 있게 된다"고 하셨으니 우리는 이제 다 진리를 깨달을 수 있게 됐습니다.

그러면 여러분 가운데는 "나는 아직도 진리를 못 깨달았는데"라고 생각하는 사람도 있을 것이고, 또 여러분 속에서는 "아, 그 말이 옳다! 정말 진리를 깨닫는다는 것, 이것이 평범한 일이 되고 말았다. 우리도 다 진리를 깨닫게 됐다"고 생각하는 사람도 있을 것입니다.

그런데 요새 교회에서는 이상하게 하는 것만 성령을 받았다고 생각하는데 그것은 잘못입니다. 성령을 받는다는 말은 무엇인가. 그건 진리를 깨닫는다는 말입니다. 진리를 깨달으면 그 이상 기쁨은 없습니다. 우리가 진리를 깨닫는다고 함은 한문자로 '법열法悅'이라고 합니다. 법열이란 진리를 깨달으면 한없이 기쁘다는 말입니다. 그러니까 진리를 깨닫는다는 말이 꼭 예수님만의 것이 아니고, 바울의 것만이 아니고, 우리들의 얘기입니다. 우리 한 사람 한 사람이 이제 다 진리를 깨달을 수 있게 되었고, 한없이 기쁨을 가질 수 있게 되었습니다.

왜? 예수님께서 우리에게 진리의 영을 보내 주시니까 그런 것입니다. 예수님께서 주기도문을 가르치고 이렇게 말씀하셨어요. "너희들이 기도할 때 나에게 이렇게 구하라. 그런데 내가 바빠서 다 못 주는 한이 있어도 한 가지는 꼭 주마. 그것은 무엇인가. 진리의 성령만은 꼭 너희에게 주마." 그러한 말씀을 하셨습니다. 그러니까 성령을 받을 수 있는 것은 확실한 사실입니다. 오순절에만 성령을 받는 것이 아닙니다. 오늘 우리 한 사람 한 사람이 다 성령을 받을 수가 있습니다. 또 성령을 받고 그 기쁨을 가지고 사는 것, 그것이 우리 크리스천의 행복입니다.

그다음의 28절은 무슨 말인가 하면, 세상 사람들은 이 세상에 태어났다가 땅속으로 죽어서 들어간다. 그렇게 생각하지만 그것이 아니다. 우리는 하나님께로부터 왔다가 하나님께로 가는 것이다. 그러니까 우리가 났다가 죽는 것이 아니라, 왔다가 가는 것이라는 말씀입니다.

그럼 어떻게 하면 그런 생각을 할 수 있을까요. 나라고 하는 것을 육체라 생각하면 났다가 죽는 것이 되지만, 나라고 하는 것을 영이라 생각하면 왔다가 가는 것입니다. 영이란 났다가 죽는 것이 아니라 왔다가 가는 것입니다. 그러니 우리가 차차 예수를 믿는 동안에 무슨 마음이 생기는가 하면, 나라고 하는 것이 영이라는 생각이 자꾸 들게 됩니다. 나는 육체가 아니다. 바울 말로 하면 '속사람' 이라는 말을 씁니다.

내 껍데기는 자꾸 낡아가지만 확실한 것은 무엇인지 속사람은 자꾸 새로워졌다는 것입니다. 우리 속에서 생명의 샘이 강같이 흘러나온다는 것도 확실한 사실입니다. 그러니까 우리가 속사람이라는 것을 느끼기 시작하면 태어났다가 죽는 것이 아니라 왔다 가는 것이 됩니다. 그걸 우리가 믿어야 되는 것입니다.

그리고 마지막 33절의 "내가 세상을 이겼다"라는 말도 참 좋습니다. 세상을 이겼다. 그래서 우리가 예수님을 만왕의 왕이라고 하지 않습니까. 만왕의 왕이라는 소리는 결국 세상을 이겼다는 소리입니다.

그런데 무엇을 가지고 세상을 이겼나. 한마디로, 말씀을 가지고 세상을 이긴 것입니다. 베드로전서 1장 24절에서 보듯이, 육체는 풀과 같고 이 세상의 모든 영광은 풀의 꽃과 같으니, 풀은 마르고 꽃은 떨어지지만 하나님의 말씀은 영원합니다. 예수가 말씀을 가지고 세상을 이기는 것입니다. 여러분도 잘 아는 40일 동안 광야에서 악마가 예수님께 막 대들면서 세 마디를 질문할 때마다 예수님은 언제나 말씀으로 대했는데 "성경에 이런 말씀이 있지 않느냐" 하시며 언제나 말씀을 가지고 이겨냈다는 것입니다.

그런데 내가 좋아하는 성경 구절 중에 히브리서 4장 12절에 "하나님의 말씀은 살았고 운동력이 있어 좌우에 날쌘 검보다도 더 날카로워 치면 적도 쓰러지고 나도 쓰러진다"는 말씀이 있습니다. 이것이 무엇인가 하면 하나님의 말씀을 가지고, 치면 상대방만 쓰러지는 것이 아니라 자기도 쓰러지고 맙니다. 찬송가에서처럼 세상도 없고 나도 없어요. 있는 것은 누구만 있나. 하나님만 있어요. 그다음의 영과 혼과 관절과 골수를 쪼개

느니라. 또 사람 속에 있는 마음의 뜻과 생각까지도 드러나게 한다는 말씀이 있습니다. 그러니까 하나님의 말씀이라는 칼을 가지고 해낸다는 것입니다. 그래서 세상을 이긴다는 것입니다.

난 요전에 텔레비전에서 아프리카 원시민족 피그미라는 아주 작은 종족, 원숭이와 비슷하게 사는 이 사람들의 생활 상태를 보여 주어서 봤는데, 이 작은 사람들이 가서는 그 큰 코끼리를 잡아옵니다. 코끼리를 잡다가 밤이 되면 호랑이와 사자, 독사들이 들끓는 속에서 밤을 보내게 됩니다. 재미있는 것은 이 사람들이 모닥불을 피워 놓으면 사자도 옆에 와 있지만 덤비지를 못하는 것입니다. 사람이란 불을 가졌고 불 하나를 가지면 다 이기는 것입니다.

'말씀'은 희랍말로 '로고스'라고 하는데, 이 로고스란 말이 '불'이란 말입니다. 하나님의 말씀, 즉 불이란 말입니다. 사람이 오늘 사람 된 이유는 어디에 있나. 불입니다. 이걸 우리가 주관적으로 말할 때 문화란 말을 쓰고, 객관적으로 말할 때 문명이란 말을 씁니다. 무엇 때문에 있는가. 불 때문입니다. 모든 동물은 — 아무리 원숭이가 똑똑해도 — 불을 가지지 못했습니다. 사람에게는 불이 있습니다. 사람은 무엇을 가지고 세상을 이기나. 불을 가지고, 말씀을 가지고, 하나님의 말씀을 가지고 이깁니다. 그래서 희랍 신화에서는 태양에 가서 불을 도둑질해 왔다고 합니다.

우리 기독교에서는 무엇으로 구원을 받나. 말씀으로 구원을 받는데, 예수님께서 "내가 너희를 심판하는 것이 아니라 너희가 하는 말이 너희 자신을 심판할 것이다"고 했습니다. 그럼 세상에서 제일 무서운 것이 무엇인가. 말씀입니다. 우리가 진리라는 말도 쓰고, 생명이라는 말도 쓰는데 말씀을 가지면 세상을 이길 수 있습니다.

그것, 즉 말씀은 그럼 어디에 있나. 그것은 성경책 속에 얼마든지 있습니다. 이 속에 있는 하나님의 말씀을 가지고 능히 세상을 이길 수 있습니다. "나는 언제든지 세상을 이길 수 있다!" 그렇게 사는 것이 크리스천의 삶입니다. 그래서 세상을 이기면 더위 같은 것은 문제가 되지 않습니다.

# 영 생
1981년 8월 9일

요한복음 17:3
 영원한 생명은 곧 참되시고 오직 한 분이신 하나님 아버지를 알고, 또 아버지께서 보내신 예수 그리스도를 아는 것입니다.


 오늘은 요한복음 17장 가운데 제일 중요한 말, '영생'이란 것은 무엇인가. 그것은 간단히 말해서 하나님을 알고, 그리스도를 아는 것이라고 말할 수 있습니다.
 그런데 영생에 대한 말씀은 성경 여기저기에 많습니다. 우리가 어릴 적 주일학교 다닐 때부터 많이 들은 말 중 하나입니다.
 요한복음 3장 16절은 하나님은 이 세상을 극진히 사랑하셔서 외아들을 보내 주셨고, 그를 믿는 사람은 누구든지 멸망하지 않고 영원한 생명을 얻게 하여 주셨다. 하나님이 보내 주신 그리스도를 믿는다면 멸망하지 않고 영원한 생명을 얻는다는 것입니다.

요한복음 17장 3절에서 요한은, 하나님을 믿고 그리스도를 아는 것이 영생이라고 합니다. 이 요한은 안다는 것에 상당한 관심을 보였고, 요한복음이 바로 동양 사람을 위해서 씌어졌다고 하는데 그것은 동양 사람들이 안다는 것에 상당한 관심을 나타내고 있기 때문일 것입니다. 우리나라 학생들이 얼마나 공부하려고 애씁니까. 알고 싶어하는 생각이 참 많아요. 그래서 마태복음은 유태사람을 위해서, 마가복음은 로마 사람을 위해서, 누가복음은 희랍 사람을 위해서, 요한복음은 동양 사람을 위해서 씌어졌다고 합니다. 그래서인지 이 요한복음을 통하지 않으면 우리가 복음에 접근하기가 참 어렵습니다. 요한복음을 바로 알면 기독교 전체도 알아지는데, 왜 그런가 하면 요한복음은 아는 것에 중점을 두었기 때문입니다.

영생이란 무엇인가. 하나님을 알고 그리스도를 아는 것입니다. 요한복음 20장의 마지막 구절에 이런 말이 있습니다. "내가 이 20장까지 많은 것을 기록했는데, 사실은 더 기록할 것이 얼마든지 있지만 종이가 모자라서 더 기록을 못한다. 그런데 내가 이것을 기록하는 것은 이 기록을 보고 많은 사람들이 예수를 믿고 영생을 얻기 위해서 기록한다"고 했습니다. 요한복음을 기록한 목적이 무엇인가. 영생을 얻기 위해서입니다. 더 쉽게 말해 우리가 예수 믿는 목적이 무엇인가. 영생을 얻는 것입니다. 그러면 영생은 무엇인가. 요한은 간단하게 하나님을 알고, 그리스도를 아는 것이 영생이라고 말합니다.

이것을 동양식으로 생각해보면 하나님이란 어떤 분인가. 생을 초월한 분이다. 우주 안에 있는 모든 만물을 누가 만들었나. 하나님께서 만드셨다. 하나님께서 안 계시면 이 우주만물이 있을 수 없다. 이 우주만물을 내 놓으신 분, 낳으신 분, 창조하신 분, 그분이 하나님이다. 그러니까 하나님은 우주만물을 초월하신 분, 더 간단히 말하면 생을 초월하신 분이라고 말할 수 있습니다. 그러면 예수 그리스도는 어떤 분인가. 부활하신 분, 죽음을 초월하신 분이라고 말할 수 있습니다.

그러면 하나님은 생을 초월하신 분이고, 그리스도는 죽음을 초월하신 분인데, 한마디로 합하여 영생이란 것은 무엇인가. 생과 사를 초월한 존재를 아는 것이다. 어떻게 생사를 초월한 존재를 알 수 있나. 우리가 생사를 초월할 때 생사를 초월한 존재를 알 수 있습니다. 그러니까 영생이란 생사를 초월하는 것이고, 생사를 초월한다는 말은 우리의 영성靈性이 깨나는 것입니다. 하나님도 생사를 초월한 영이요, 그리스도도 생사를 초월한 영이요, 우리도 생사를 초월한 영이라고 말할 수 있습니다.

그러면 생사를 초월했다는 말은 무엇인가. 죽지 않는다는 말인가. 그것이 아닙니다. 이 세상에 나오지 않았다는 말인가. 그 것도 아닙니다. 요한복음 11장 25절에 보면 "나를 믿는 사람은 죽어도 살고"라고 되어 있는데 죽지 않는다는 말이 아닙니다. "살아서 믿는 사람은 영 죽지 않을 것이다." 이 말은 계속 산다는 말인가. 아닙니다. 쉽게 말하면 생사를 초월해서 산다는 말입니다.

그러니까 죽은 후에 어찌됨이 아니라 지금 현재 생사를 초월해서 산다는 말입니다. 그러니 우리가 예수를 믿는 것은 죽은 후의 문제를 해결하려는 것도 아니고, 나기 전의 문제를 해결하려는 것도 아니고, 바로 지금 우리의 문제를 해결하려는 것입니다. 그러니까 우리가 어떻게 사는 것이 참 사는 것인가. 우리 동양식으로 말하면, 생사를 초월하고 사는 삶이 참 삶입니다.

이 생生에서부터 사死까지의 내가 무엇인가. 그것이 나[我]입니다. 생사라는 것이 바로 나입니다. 생사를 초월한다는 말은 무엇인가. 나를 초월해서 산다는 말입니다. 그럼 나를 초월해서 산다는 것은 무엇인가. 소아를 버리고 대아大我가 되어서 산다는 것입니다. 이 나[我]라는 것은 빈약하고 형편없기 때문에, 이 형편없는 나를 소小 자로 써서 소아라고 합니다. '영생'이란 말은 다른 말로 하면 '대아' 라고 할 수 있는데 바로 대아가 되어서 사는 것입니다. 나서 죽는다는 시간, 이것은 짧은 시간입니다. 만일 70년을 산다고 해도 잠깐입니다. 그러니까 이 짧은 시간에 매여 사는 것이 아니고, 크게 시간을 넘어선, 영원한 생명이 되어서 사는 것입니다. 작은 것은 무엇인가. 이 소아는 시간적인 삶입니다. 그러면 지금 내가 사는데 '나'라는 것이 시간적인 주인공이 아니고, 시간적인 삶을 넘어선, 영원한 삶의 주인공이 되어서 사는, 더 쉽게 말하면 육체적인 나가 아니고, 정신적인 '나'가 나란 말입니다.

인간은 무엇인가. 인간은 정신입니다. 정신은 무엇인가. 정신은 바로 '나' 입니다. 정신적인 '나'가 나지, 육체적인 나는 나가 아닙니다. '정신적인 나'는 대아이고, '육체적인 나'는 소아라는 말입니다. 바울 선생식으로 말하면, 육적인 내가 아니고 영적인 나, 성숙한 자아라는 말입니다. 미숙한 나로 사는 것이 아니고, 성숙한 나로 사는 것, 그것이 소아를 버리고 대아가 되어서 사는 것입니다. 그러니 영생은 죽은 후의 그런 것이 아니고 대아로 사는 것이 영생입니다.

재미있는 얘기가 있습니다. 옛날 서당에서 있었던 이야기입니다. 밤늦게까지 글을 배우고 집에 돌아가려고 문을 열어 보니 밖은 캄캄했습니다. 그래서 선생님께 어두워서 갈 수가 없다고 했더니 선생님께서 촛불을 가지고 나와서 꺼지지 않게 종이로 말아서는 학생에게 주었습니다. 학생이 그것을 받아 가지고 돌아서려는 순간 선생님이 그 촛불을 훅, 하고 꺼버렸다는 얘기입니다.

그 순간에 그 학생은 굉장히 큰 진리를 깨달았습니다. 그러니 여러분도 이 얘기를 듣고, 굉장히 큰 진리를 깨달아 보십시오. 그 학생이 가만히 서 있으니까 차차 훤해지기 시작했으며 차츰 별이 나타나고, 먼 산이 보이기 시작하여 대문이 나타나고, 어느 정도 훤해진 속에서 그 학생은 자기 발로 걸어서 대문을 나서 자기 집까지 무사히 갈 수 있었다고 합니다. 더 쉽게 말하면 소아를 꺼버리고 대아가 되어서 자기 집으로 가는 것입니다. 나는 "촛불로 끄고 햇빛이 되라"는 말을 곧잘 합니다. 그것도 같은 말입니다.

옛날 어떤 사람이 낮이 밝은가, 밤이 밝은가라고 물었습니다. 얼른 생각하기에는 낮이 밝습니다. 그런데 어떤 철인은 낮보다 밤이 훨씬 더 밝다, 라는 말을 했는데 그 이유는 이러합니다. 동양 사람은 태양이라는 것을 촛불로 봤기 때문입니다. '태' 자는 클 '태太' 자이지만 '양' 자는 거짓 '양陽' 자이기에 가짜라는 것입니다. 그래서 태양은 촛불 밖에 안 된다고 보았습니다. 그래서 태양이라는 촛불 아래에서 보는 세계는 20리 밖에 안 되지만 태양이라는 촛불을 꺼버리고 밤에 보는 세계는 몇 억만 광년 밖의 세계도 볼 수 있는 큰 세계입니다.

밤의 세계라는 것은 대우주고, 낮은 안방에 촛불을 켠 것과 마찬가지입니다. 이 촛불은 가까운 데는 보게 하지만 먼 데는 보이지 않게 합니다. 그러니까 이성이라는 것은 가까운 것은 밝혀 주지만, 큰 세계, 높은 세계, 먼 세계는 오히려 보이지 않게 합니다. 우리가 더 높고 먼 세계를 보려면 가끔 이 이성을 꺼야 됩니다. 우리가 이성을 끄고, 이성보다 좀 더 높은 지성, 영성을 가지고 더 크고, 먼 세계를 봐야 된다는 말입니다. 그래야만 우리는 소아로 사는 것이 아니고, 대아로 사는 것이 될 수 있습니다. 이성만 가지고서 아는 것이 다인 것처럼 살면 인생은 비참한 존재밖에 되지 않습니다. 영생은 무엇인가. 소아를 꺼버리고 대아를 가지고 사는 것입니다.

금년 여름에도 물에 빠져 죽은 사람이 많다고 하는데 과학적으로 따져 볼 때 사람의 무게와 사람과 꼭 같은 물의 무게 비중을 비교하면 물의 무게가 더 무겁다고 합니다. 그것은 무슨 말인가 하면 사람은 과학적으로 물에 뜨게 되어 있다는 말입니다. 그것은 왜 그런가 하면 폐 속에 공기가 들어가 있기 때문입니다. 그래서 인간은 절대적으로 뜨게 되어 있다고 합니다. 그런데 이렇게 절대적으로 물에 뜨게 되어 있는 인간이 왜 물에 빠져 죽느냐.

이 세상의 모든 동물 가운데 물에 빠져 죽는 동물은 하나도 없다고 합니다. 우리는 흔히 사람들이 똑똑하고, 동물들이 바보라고 하는데 사실은 물에 안 빠져 죽는 동물들이 똑똑하고, 물에 빠져 죽는 사람이 바보가 아닐까요. 코끼리도 물에 들어가면 뜹니다. 하마도 소도 양도 고양이도 벌레도 다 뜨도록 되어 있다고 합니다. 이 우주의 모든 동물은 어느 하나 빠져 죽지 않게 하나님께서 만들어 놓았습니다.

과학적으로 따져 볼 때는 절대 안 죽을 사람이 왜 빠져 죽느냐? 사람은 물에 뜨는데 얼마만큼 뜨는가 하면 손바닥만큼 뜬다고 합니다. 그러니까 가만히 누워 있으면 손바닥만큼 뜨는데 왜 하나님께서는 그만큼만 뜨게 만드셨나? 사람의 얼굴이 교만하기 때문입니다. 물 위로 얼굴만 내밀고 눈을 뜨고 코로 숨만 쉬며 살 수 있는 것이기 때문입니다. 여러분도 하마를 보셨을 겁니다. 이 하마가 뜨는 것을 보면 눈알과 코만 뜹니다. 재미도 있게 하마는 눈과 코가 튀어 나왔는데 그만큼만 띄워 주면 살 수 있기 때문입니다. 사람도 손바닥만큼만 뜨면 절대 안 죽고 떠서 숨을 쉬는데, 그런 사람이 왜 빠져 죽느냐? 늘 하는 말이지만 머리를, 이성을, 다른 말로 하면 소아를 물 위에 내놓으려고 하기 때문입니다. 이것이 교만입니다. 교만이라는 것은 별것이 아닙니다. 성경에도 목이 나무막대기와 같다고 합니다.

사람은 다 저 잘난 맛에 살기 때문에 이 목을 숙이려고 하지를 않습니다. 머리를 물속에 쑥 들여보내면 저절로 떠올라오고, 그 상태에서 코로 숨만 쉬면 사는데, 머리를 절대 들여 밀려고 하지 않고, 살겠다고 손발만 휘저어 주위가 진공상태가 되고, 옆의 물이 진공을 향해서 밀려들어오기 때문에 물에 빠지는 것이고, 이것을 소위 귀신이 잡아당긴다고 우리는 표현하고들 있습니다. 귀신이 어디 있습니까. 자신의 동작에 의해서 쭉 아래로 들어가는 것일 뿐입니다.

그래서 물에 빠진 사람의 정신이 똑똑할 때 건지려면 같이 죽습니다. 물에 빠진 사람 구하는 법은 한 대 치는 것뿐입니다. 한 대 쳐서 정신이 나가면 떠올라오니까 그때 끌고 나오면 됩니다. 그런데 그냥 물에 빠진 사람을 건지러 들어가면 자꾸 매달리니까, 그 사람도 죽고, 건지려던 사람도 죽고, 다 죽는 것입니다. 술에 취한 사람도 물에서는 다 뜬다고 합니다. 그러니까 빠져 죽는 이유는 단 한가지입니다. 그 사람의 의식 때문입니다. 그 의식은 곧 공포심이며 공포심은 소아인 것입니다.

이 대아와 하나가 되지 못하는 소아, 그런 소아를 집어던져 버리면 사람은 자기도 모르는 사이에 대아가 되어서 대자연과 하나가 되고, 쑥 떠올라 오고, 기분 좋게 가기도 합니다. 그러면 얼마든지 살 수 있는 사람들이 왜 빠져 죽는가. 소아로 살기 때문에 그렇습니다.

그러면, 소아로 살지 않으려면 어떻게 해야 하나. 자기의 이성을 집어 치워야 합니다. 그리고 영성이 되어서 대자연과 하나가 되어야 합니다. 그러니까 또 다르게 말하면 사람이라는 건 본래 타고나기를 행복하지 않을 수 없게 태어났어요. 늘 여러분에게 기쁘다, 기쁘다 그러는데, 사람은 원래 행복하지 않을 수 없게 태어났습니다.

원래 사람은 행복하게끔 태어났다는 것입니다. 다른 말로 하면, 물에 빠지지 않게 태어났다는 것이죠. 그것이 바로 하나님의 사랑입니다. 그래서 그것을 우리가 하나님의 형상대로 지음을 받았다고 표현합니다. 사람은 원래 행복하게 태어났는데 세상에는 행복하지 못하다는 사람이 많습니다. 그래서 어떤 사람은 어떤 생각을 하나 하면 결혼이라도 하면 행복해지지 않을까 합니다.

어떤 사람이 소크라테스한테 가서 물어 보았습니다. "결혼하면 행복할까요?" "결혼하면 후회할 것이다." "그러면 결혼 안 하면 행복할까요?" "결혼을 안 해도 후회할 것이다." 결혼을 해도 불행하고, 결혼을 안 해도 불행하다, 그 말입니다. 그러니까 결혼 같은 것을 가지고 인간이 행복해지는 것은 아니라는 말입니다.

그러면 인간은 어떻게 해야 행복하나? 인간은 본래 행복하게끔 되어 있기에 본래의 인간이 되면 되는 것입니다. 그러니 지금 말씀드린 소아를 버리고 대아가 되면 되는 것입니다. 그렇게 되면 그다음은 결혼해도 행복하고, 결혼을 하지 않아도 행복합니다. "항상 행복하라. 항상 기뻐하라." 그런 말이 자꾸 나오는 겁니다. 이것은 이다음에 또다시 수영하는 얘기를 하지 않게 여러분이 잘 생각해 보시기 바랍니다.

내가 내 가슴에 손을 대고, 내가 지금 행복하지 않다면 왜 행복하지 않은가를 생각해보시기 바랍니다. 뭔가 잘못된 것이 있을 것입니다. 내 머리를 물속에 집어넣지 않아서 그렇습니다. 내 머리를 하나님 앞에 집어넣지 않아서 그렇습니다. 내 머리를 그리스도 앞에 숙이지 않아서 그렇습니다. 교만해서 그렇습니다. 교만하면 반드시 남에게 욕을 먹고, 나중에 고통이 오며, 그러다가 죽습니다.

그러니까 내가 불행하다는 이유는 하나님이 나를 불행하게 만들어 준 것이 아닙니다. 하나님은 나를 행복하게 만들어 주었는데, 내가 대아로 살지 못하고, 소아로 살기 때문에 불행한 것입니다. 그러니까 불행하다고 느끼는 사람은 자기를 한번 두들겨 보십시오. 내 코가 물 밖에 나왔나? 내 머리가 물속에 들어가 있는가? 그래서 물속에만 쑥 들여보내면 인간은 자연 행복하게 되는 것입니다. 그것이 기뻐하라는 것입니다.

그러면 소아는 무엇이고, 대아는 무엇인가? 우리 집의 예를 들어 얘기하면, 아내가 아이들을 키울 때 보면 무엇이든지 맛있는 것이 있으면 자꾸 아이들에게 먹여요. 아이들은 아무리 먹어도 마냥 배고픈 겁니다. 아무리 먹어도 부족해요. 그러니까 아이들은 암만 먹어도 불행합니다. 그런데 아내는 아이들에게 다 먹이고 자기는 안 먹어요. 나는 아내가 언제 밥을 먹는지 모릅니다. 먹는 것 같지도 않아요. 어머니는 아무 것도 안 먹는데 언제나 배가 부릅니다. 그래서 어머니의 모母 자는 없을 무無

자와 같은 자입니다. 어머니는 안 먹고도 언제나 행복한 것이고, 아이들은 늘 먹으면서도 언제나 불행한 겁니다.

아까 영적 자아니, 영원한 자아니 한 것이 무엇인가 하면 우리가 어린아이로 살지 말고, 어른으로 살자는 겁니다. 이제 여러분은 다 어른이 아닙니까. 어떻게 하면 어른으로 사나. 하나님은 선한 자와 악한 자에게 다 비를 주십니다. 어른의 눈에는 전체가 같이 보이지 다르게 보이지 않습니다.

만일 여러분이 다르게 보인다 하면 어린애로 떨어진 것입니다. 어린애의 눈에는 다르게 보입니다. 그러나 어른의 눈에는 같이 보입니다. 어른의 눈에는 일체가 하나입니다. 이것이 하나를 아는 것입니다. 하나님을 아는 것입니다. 그리고 어른이 되면 일체를 가집니다. 가지지 않은 것이 하나도 없습니다. 그런데 일체를 가진 분, 그것이 아까 성경에 나오는 그리스도입니다. 그리스도는 일체를 가질 권세를 가졌습니다.

어른의 특징은 두 가지입니다. 하나를 아는 것과 하나를 가지는 것입니다. 그런데 하나를 모르고 하나를 못 가지면 어떻게 되느냐? 둘로 쪼개지는 것입니다. 이것을 선악과라는 말로 씁니다. 분별지分別智가 됐다는 겁니다. 어른지라는 것은 통일지요 절대지요 전체지인데 반해, 좋다 나쁘다 곱다 밉다, 이런 가치판단이 되기 시작하면 벌써 어린애가 되고 마는 것입니다. 그래서 우리는 이것을 보통 선악과를 따 먹었다는 말로 합니다. 그

영생 115

것이 바로 어린애라는 말입니다. 그러니까 실낙원에 떨어졌고, 선악과를 따먹어서 분별지가 되었으며, 다시 예수 그리스도를 통해서 구원을 받고 이제 우리도 어른이 된 것이 아닙니까.

어른의 세계는 무엇인가. 하나님께서는 악한 자나 선한 자에게나 다 비를 주시는, 절대의 세계를 기독교에서는 사랑이라고 합니다.

오늘 결론은 "어른이 되어서 살자"입니다. 사랑이란 것은 준다는 것이고, 주는 데는 차별이 없습니다. 비가 오는 데는 차별이 없습니다. 선과 악의 구별 없이 다 줍니다. 그러나 받는 데는 차별이 있습니다. 많이 주어도 나는 저 애보다 적은데 하는 차별심이 생깁니다. 그러니까 받는 마음은 언제나 차별심이 생기는 것이고, 주는 마음은 언제나 전체적인 마음입니다. 마음이 받는 마음이면 그것은 욕심입니다.

우리가 어떻게 사는 것이 가장 행복하게 사는 것인가. 어른이 되어서 사는 것입니다. 주는 마음으로 사는 것입니다. 영원한 생명, 대아가 되어서 사는 것입니다.

# 날 개
1981년 8월 23일

요한복음 17:16~17
 이 사람들이 진리를 위하여 몸을 바치는 사람들이 되게 하여 주십시오. 아버지의 말씀이 곧 진리입니다. 아버지께서 나를 세상에 보내신 것같이 나도 이 사람들을 세상에 보냈습니다.

 금년 정월 첫 주일에 요한복음 3장부터 읽기 시작해서 17장까지 읽어왔습니다. 고로 오늘이 요한복음에 있는 마지막 말씀이 되겠습니다. 요한복음에서 특별히 요한만이 가지고 있는 기사는 요한복음 3장에서 17장까지이고, 그밖에 기사들은 대개 공관복음에 공통으로 있기 때문입니다.
 오늘 이 17장은 예수님께서 마지막 하신 기도입니다. 성경에 예수님께서 우리에게 주기도문을 가르쳐 주셨지만 예수께서 하신 긴 기도문이 남아 있는 것은 여기밖에 없습니다. 요한복음 17장은 1절부터 마지막 절까지 계속 긴 기도로 되어 있습니다.

요전 시간에는 요한복음 17장 3절 "하나님을 알고, 예수 그리스도를 아는 것이 영생이다"라는 것으로 말씀을 드렸습니다.

오늘은 17장 16에서 17절의 "나는 세상에 속하지 않았다. 너희들도 세상에 속해 있지 않다." "아버지여, 이 사람들을 진리로 거룩하게 하여 주시옵소서. 아버지의 말씀이 곧 진리입니다"에 대해서 말씀드리고자 합니다.

예수께서는 당신을 믿는 유태인들에게 이렇게 말씀하셨습니다. "너희가 내 말을 마음에 새기고 산다면 너희는 참으로 나의 제자이다. 그러면 너희는 진리를 알게 될 것이며 진리가 너희를 자유롭게 할 것이다." (요 8:31~32)

"하나님의 말씀은 살아 있고, 힘이 있으며 어떤 쌍날칼보다도 더 날카롭습니다. 그래서 사람의 마음을 꿰뚫어 영혼과 정신을 갈라놓고 관절과 골수를 쪼개어 그 마음속에 품은 생각과 속셈을 드러냅니다." (히 4:12)

"주님은 곧 성령입니다. 주님의 성령이 계신 곳에는 자유가 있습니다." (고후 3:17)

"그분은 곧 진리의 성령이시다. 세상은 그분을 보지도 못하고 알지도 못하기 때문에 그분을 받아들일 수 없지만 너희는 그분을 알고 있다. 그분이 너희와 함께 사시며 너희 안에 계시

기 때문이다." (요 14:17)

오늘 설교 제목을 〈날개〉로 정했습니다. 그런데 내가 특별히 좋아하는 말씀은 "나는 세상에 속하지 않았다. 너희들도 세상에 속하지 않았다" 하는 말씀입니다.

우리가 세상에 속해 있다고 하면 이 세상이라는 데는 얼마나 복잡합니까. 이 세상에는 걸리는 것이 많아 얼마나 괴롭습니까. 그런데 세상에 속해 있지 않으니까 우리에게는 복잡한 것도 없고, 괴로운 것도 없습니다. 만일 여러분이 아직도 내 속이 복잡하다 혹은 내 속이 괴롭다고 한다면 아직도 세상에 속해서 그런 것입니다. 세상에 속하지 않으면 그런 것이 없어집니다. 그러면 세상에 속하지 않으면 어디에 속했나? 하늘에 속한 것입니다. 하늘이란 어떤 곳인가? 아주 간단하고 쉬운 데입니다. 여러분이 하늘을 한번 쳐다보면 간단할 겁니다. 해와 달과 별, 세 가지밖에 없어요. 그리고 걸릴 것이 없습니다.

그럼 하늘에 속한 사람이란 어떤 사람들인가. 아주 간단하고 쉽게 사는 사람들입니다. 예수께서는 참 간단하고 쉽게 산 분입니다. 그렇게 간단하고 쉽게 살았기 때문에 예수님의 마음속에는 기쁨이 충만했습니다. 복잡하고 어렵게 살면 기쁨이 없습니다.

갈라디아서 5장에 있는 성령의 열매는 사랑과 희락과 평화인데, 우리가 간단하게 살면 사랑과 희락과 평화가 넘칩니다.

복잡하고 어렵게 살면 세상이 슬프고, 싸우고, 미워하고, 그런 것으로 가득 찰 수밖에 없습니다.

그런데 예수님께서 "나는 세상에 속하지 않았다"라고 말씀하셨습니다. 예수님께서 세상에 속하지 않은 것은 우리가 다 아는 사실입니다. 또 예수님께서 세상에 속하지 않았으니까 우리를 구원해 줄 수가 있는 것이지, 우리처럼 세상에 속해서 물에 자꾸 빠진다면 어떻게 구원합니까. 그러니까 예수님께서 세상에 속하지 않았다는 것은 당연하고 또 당연한 말일 겁니다.

그리고 그다음 말이 좋습니다. "너희들도 세상에 속하지 않았다." 오늘 여기 참석한 여러분 모두도 세상에 속하지 않았다. 이것이 얼마나 감격스러운 말이며, 얼마나 기쁜 말입니까. 우리도 세상에 속하지 않았다. 그러면 어디에 속했는가. 하늘에 속해 있다. 속하기는 하늘에 속해 있으면서 살기는 여기에 살고 있다. 이것이 얼마나 좋아요. 세상에 이렇게 좋은 말은 없는 것 같습니다. 그 말 한마디로 아멘이고, 한없이 감사하지 그 이상 더 무엇이 있겠습니까.

그래서 하늘에 속했다는 말을 하는데 하늘에 속해 있으면 어떠한 모습인가. 그럴 때에 날개라는 것을 생각해 봅니다. 우리는 다 하늘에 속해 있기 때문에 날개가 달리지 않았나 합니다. 플라톤은 이런 말을 했습니다. 사람은 본래 어디에 살았나 하면 이데아의 세계, 진리의 세계에 살았는데 그곳에는 신들이 먹는

음식이 너무 맛이 있어서 많이 먹고, 깨어 있지 못하고 깊은 잠에 그만 빠지고 말았다. 그런데 깊은 잠에 빠지면 날개가 자꾸만 작아진답니다. 자꾸만 작아져서는 나중에는 날개가 없어지고 말았으며 그로 인해 땅에 뚝 떨어져 버렸다고 합니다. 이것이 사람이 이 세상에 떨어진 이유라고 설명을 합니다. 하지만 여기서 정신을 차리고 깨서, 지혜를 사랑하고 깊이 생각하면 또 다시 날개가 자꾸 돋아나고, 날개가 자라면 우리는 다시 하늘나라로 올라갈 수 있다고 합니다.

희랍 사람들의 옛날 그림을 보면 말에도 날개 같은 것이 있습니다. 또 우리도 옛날 박혁거세가 태어날 때 하늘에서 말이 내려왔다고 합니다. 아마 그 말에도 날개가 달렸겠지요. 그러니까 하늘에 속한 사람은 다른 것이 아니고 날개 돋은 사람이라고 생각합니다.

요 며칠 전에 텔레비전을 보니까 미국의 26살 난 어떤 청년이 자전거에다 비닐로 날개를 달고 그 뒤에 프로펠러를 하나 달았는데 이 프로펠러를 아무리 돌려도 삐죽삐죽, 이런 식으로 돌아가요. 그런데 꼬리는 뒤에 달지 않고 앞에 달았는데 바로 페달을 움직이니까 자전거가 떠요. 그렇게 자꾸 연습을 해 가지고 얼마를 날아갔는가 하면 80리를 날아갔다고 하더군요. 물에서 20m 떠서, 영국 해안에서 불란서 해안까지 2시간 10분인가 걸려서 건너갔다고 하는 기사를 보니까 어떻게 신나고 재미있는지 나도 한번 해보고 싶었습니다.

그런데 우리 하늘에 속한 사람들은 날개를 가졌다는 것, 이것을 발견하는 것이 신앙입니다. 날개라고 해도 좋고, 다른 식으로 말하면 자유라고 해도 좋습니다. 인간의 본질이 자유라는 것을 발견한다고 해도 좋습니다.

아까 읽어드린 고린도후서 3장 17절 "주님은 영이시니 주의 영이 계신 곳에 자유가 있느니라." 요전에도 제가 말씀드렸지만, 주님만 영이 아니라 우리도 영이다. 우리의 영이 있는 곳에 자유가 있다. 그렇게도 말할 수 있습니다. 날개라고 해고 좋고, 자유라고 해도 좋고, 영이라고 해도 좋고, 요전 시간에 말한 대로 성숙이란 말을 써도 좋습니다.

여기 '성숙'이라고 쓴 것을 읽어 보겠습니다.

인생의 문제는 해결되는 것이 아니라 없어지는 것이다. 모든 문제는 내 앞길을 가로막는 큰 돌이었다. 그 돌을 치우기 위해서 개미들은 얼마나 땀을 흘리며, 그 돌을 오르내리고 있는 것일까. 어떤 해결하는 방법이 없을까 하고. 그러나 벌레가 나비로 성숙하면 길가의 돌멩이는 문제가 안 된다. 문제는 해결되는 것이 아니라 없어지고 만다. 성숙한 사람에게는 돈도 연애도 사업도 학문도 명예도 인기도 도무지 문제가 되지 않는다. 문제가 될 때에는 해결은 없고, 문제가 안 될 때 문제는 없어지고 만다.

인간의 신비는 성숙에 있다. 성숙하여 어른이 되면 어릴 때 문제가 그림과 같다. 문제를 푸느라고 애쓰는 동안에 인간은 성숙하여 문제는 없어져 버린다. 성숙해지는 일이다. 성숙한 사람에게는 문제는 이미 문제가 아니다.

인간의 가장 큰 문제는 죽음일 것이다. 그러나 성숙한 사람에게는 죽음마저도 문제가 안 된다. 그것은 세상에 죽음처럼 큰 문제가 없고, 죽음처럼 인간을 성숙하게 하는 것도 없기 때문이다. 인간은 불고기든 생선조림이든 모두 죽음을 먹고 살아간다. 철학은 죽음의 연습이라고 한다. 자기의 죽음을 먹을 수 있을 때, 인간은 고치를 벗어나 나비가 된다. 죽음은 인간을 정말 성숙하게 하는 맛있는 양식이다. 자기의 죽음을 극복한 사람만이 정말 성숙한 사람이다. 문제는 해결되는 것이 아니라 없어지는 것이다.

죽음은 해결되는 것이 아니라 없어진다. 정말 오늘을 사는 사람에게는 죽음이 없다. 죽음이 없어진 사람이 정말 성숙한 사람이다. 오늘을 사는 사람이 영원한 사람이다.

성숙한 사람에게는 문제가 없다는 것입니다. 과학의 세계는 밖에 산이 있다고 하면 산을 깨고 길을 내야 되겠지만 그러나 우리 안에 있는 문제, 싸움, 고민, 가책, 죽음, 이런 문제는 외적으로 어떻게 해결이 되지 않습니다. 내적으로 해결을 해야 되는데, 그러려면 내가 성숙해지는 길밖에 없습니다. 내가 애벌레가 고치가 되었다가 나비가 되는 것, 이렇게 인생의 3단계를 올라가는 길밖에 없습니다. 그렇게 성숙해지면 아무런 문제도 없습니다. 성숙한 사람을 '얼'이라고 하고 '자유'라고 하고, 오늘은 '날개'라는 말로 씁니다.

학생은 애벌레이고, 대학원에서 연구하는 사람들은 고치라고 봐야 되겠지요. 그러면 선생은 무엇인가. 나비로 봐야 합니다. 영어 선생, 그러면 영어를 훨훨 난다. 훨훨 나니까 나비죠. 그래서 옛날부터 선생님이라고 그럴 때 "선생님, 기체후 일향만강하십니까?" 기체후입니다. 학생들은 무엇인가. 액체후입니다. 대학원생은 뭔가. 고체후입니다.

오늘 제 뒤에 앉아계신 분이 오창희 목사님인데 지금 미국에서 우리 교회를 위해서 많이 수고하시고 계십니다. 이화대학교 미국국제재단의 이사로 계시면서 이화대학을 위해서 수고를 많이 하셔서 이번에 대학에서 박사학위를 드리기로 하였고, 이를 위해 한국에 일부러 오셨습니다.

선생님들은 날개를 가진 분들입니다. 그러니까 학생 때는 그렇게 고민하던 문제들이 선생이 되면 다 풀리고 말지 않습니까. 학생 때 그렇게 어렵던 문제들이 선생 때는 아무 문제도 되지 않습니다.

그러니까 인간의 모든 문제, 특별히 죽음이라는 문제, 이것은 과학이 아무리 발달해도 어떻게 못합니다. 죽음을 우리가 어떻게 합니까. 생명을 좀 늘여 본다. 며칠 몇 분 늘여 보면 뭐합니까. 죽음이란 어떻게 못하는 것입니다. 죽음은 넘어가야지 없이 할 수는 없는 것입니다.

그래서 우리 기독교의 가장 핵심은 부활입니다. 그런데 여러 학생들이 부활이라면 곧 생각하는 것이 저 유태 땅의 예수님의 무덤만 생각하지요. 그 무덤은 구멍은 동그랗게 됐다고 그러더라. 돌로 막았는데 거기에서 예수님께서 부활하실 때 어떻게 일어났을까. 또 누가 봤을까. 뭘 감고 있었을까. 뭘 입고 있었을까. 그런 것만 자꾸 생각합니다. 그런데 기독교에서 말하는 부활은 그런 외적인 사실, 물리적인 내용을 조사한다는 것이 아닙니다. 그건 지식에 속하는 것입니다. 그건 과학입니다.

예수가 부활했다. 그게 문제가 아닙니다. 내가 부활할 수 있는가. 그게 문제입니다. 아까 날개라는 말을 썼지만 가능성이라는 말을 씁시다. 내가 부활할 가능성이 있는가, 그게 문제입니다. 내가 확실히 부활할 가능성이 있다 그러면 예수님의 부활을 믿는 것이고, 내게 부활할 가능성이 없다 하면 예수님의 부활을 못 믿는 것입니다. 믿음이라는 것은 예수님 문제가 아닙니다. 내 문제입니다.

그래서 바울 선생님께서는 빌립보 3장 10절에서 12절, "내가 바라는 것은 그리스도를 알고, 그리스도의 부활의 능력을 깨닫고, 그리스도와 고난을 같이 나누고, 그리스도와 같이 죽는 것

날개 125

입니다. 그러다가 마침내 죽은 자들 가운데서 다시 살아나기를 바랍니다. 나는 이 희망을 이미 이루었다는 것도 아니고, 또 이미 완전한 사람이 되었다는 것도 아닙니다. 다만 나는 그것을 붙들려고 달음질칠 뿐입니다"라고 말씀하셨습니다.

그리스도께서 잡은 것이 무엇인가. 부활의 가능성입니다. 그러니까 그리스도를 첫 열매라고 그럽니다. "그리스도가 잡은 부활의 가능성을 내가 잡으려고 애를 쓰고 있다." 이것은 내 속에도 잡힐 것 같다는 겁니다. 내 속에도 부활할 가능성이 있다는 것입니다. 이것이 믿음입니다. 그것이 부활을 믿는 것입니다.

예수가 부활했느냐, 안 했느냐 그걸 토론하자는 말이 아닙니다. 내 속에 부활할 수 있는 가능성이 있느냐, 그 가능성이 있다면 믿는 겁니다. 그것이 "믿음은 바라는 것의 실상"입니다. 부활할 가능성이 있다, 그 가능성을 붙잡는 겁니다. 그러면 지금 날개라는 말 대신에 가능성이라는 말을 썼는데, 더 쉽게 말하면 내게 날개가 있다. 내게 있는 그 날개를 발견하는 것입니다. 그것이 내 속에서 확실한 증거를 잡는 겁니다. 아, 이거로구나. 보지 못하는 것의 증거다! 히브리서 11장 1절 "믿음은 우리가 바라는 것들을 보증해 주고, 볼 수 없는 것들을 확증해 줍니다." 즉 부활의 가능성이 있는 증거를 확실히 붙잡고, 그걸 내 속에서 매일매일 증거로 붙잡는 것입니다. 아, 이거로구나! 그것이 믿음이 자라는 겁니다.

그러면 이 부활의 가능성을 어디서 붙잡나 하면 십자가에서 붙잡는 것입니다. 마태복음 16장 24절에서 26절, "나를 따르려는 사람은 누구든지 자기를 버리고 제 십자가를 지고 따라야 한다. 제 목숨을 살리려고 하는 사람은 잃을 것이며, 나를 위해서 제 목숨을 잃는 사람은 얻을 것이다. 사람이 온 세상을 얻는다 해도 제 목숨을 잃으면 무슨 소용이 있겠느냐? 사람의 목숨을 무엇과 바꾸겠느냐?"

부활의 가능성을 십자가에서 발견하는데, 십자가는 무엇인가. 고난이라는 말입니다. 고난 속에서 우리가 발견한다. 부활한다는 말은 나를 고난 속에 집어넣는다는 말입니다. 다시 말하면 부활은 나비고, 십자가는 고치가 되는 것입니다. 바라는 것의 실상은 나비고, 보이지 않는 것의 증거는 십자가입니다. 나를 고난 속에 집어넣는 것이 보이지 않는 것의 증거입니다. 사람은 어떻게 생각하면 약한 것 같지만, 사람을 고난 속에 집어넣어보면 굉장히 강합니다.

여성들을, 여러분이 보면 아주 뾰족한 신발을 신고 다니는 것이 약해 보이죠. 그런데 학생들을 데리고 지리산에 올라가 보면 굉장히 강합니다. 나는 학생들을 데리고 지리산을 횡단도 하고 종단도 했는데, 노고단에서 천왕봉까지 백 리입니다. 그 길을 걸어서 가는데, 지리산 꼭대기에서 이화여대생을 한 80명가량 만났습니다. 여러분, 여학생이 약하다고 할 수 있어요? 그것도 들기 어려우리 만큼 무거운 짐을 지고 올라가는 것입니다. 인간은 고난에 처해서 자기의 강인함을 알 수가 있습니다.

사람은 죽음에 처하여 자기의 불멸을 알 수가 있습니다. 인간은 죽는 존재가 아닙니다. 인간에게는 날개가 달려 있습니다. 인간에게는 이성을 넘어서는 영성靈性이 있습니다. 이 영성 때문에 인간은 죽을 수가 없습니다. 인간은 또다시 새로운 몸을 입게 될 것입니다. 그것을 영체라고 합니다. 영체를 가지게 되는 것이 부활입니다. 애벌레가 고치가 되는 것이 십자가요, 나비가 되는 것이 부활입니다. 나비가 되어 땅에 속하지 않고, 하늘에 속해서 살게 되었습니다. 자유롭게, 온전하게 영원한 생을 살게 되었습니다. 그것이 하늘에 속한 삶입니다.

부활은 죽어서 부활하는 것이 아닙니다. 요한복음 11장 25절, "나는 부활이요, 생명이니 나를 믿는 자는 죽어도 살고, 살아서 믿는 자는 영원히 죽지 않을 것이다." 내가 부활입니다. 죽는 것, 사는 것을 초월한 내가 부활입니다. 하늘에 속한 내가 부활입니다. 날개가 부활입니다. 나비가 부활입니다. 나비에게는 죽음도 삶도 문제가 안 됩니다. 이런 삶이 죽어도 살고, 살아도 살지, 이런 삶이 못 되면 죽어도 못 살고, 살아도 못 죽습니다. 이런 삶이 대아大我의 삶입니다.

# 산

1981년 9월 6일

마태복음 5:3~10

마음이 가난한 사람은 행복하다. 하늘나라가 그들의 것이다. 마음이 깨끗한 사람은 행복하다. 그들은 하나님을 뵙게 될 것이다. 옳은 일에 주리고 목마른 사람은 행복하다. 그들은 만족할 것이다. 옳은 일을 하다가 박해를 받는 사람은 행복하다. 하늘나라가 그들의 것이다.

마태복음 5장 산상수훈 처음에 "예수님께서 산에 올라가 앉으시니" 하는 말이 있습니다. 나도 산을 참 좋아합니다. 왜 좋아하는가 하면 내가 대학생 시절에 내게 백두산에 가자는 사람이 있었는데 졸업하고 가겠다고 안 갔어요. 또 금강산엘 가자고 했는데 그것도 졸업하고 가겠다고 안 갔어요. 그러다가 그만 백두산도 못 보고, 금강산도 못 보게 되었습니다. 그래서 그것이 너무 억울해서 남쪽에서라도 실컷 산 구경을 해야 되겠다는 생각으로 이화대학의 산악회가 갈 적마다 쫓아다녔습니다. 그래서 지리산도 두 번 올라가 보고, 한라산도 올라가 보고, 덕유산과 설악산도 몇 번 올라가 봤습니다. 그런데 산에 올라가면 으레 앉게 되는데, 내가 산에 올라가서 앉아 보아서 그런지 성경 말씀에 산에 올라가 앉았다는 말이 나오면 그렇게 좋을 수가 없습니다.

옛날 어떤 사람이 "믿음이 무엇인가" 할 때 "독좌대웅봉獨坐大雄峰"이라고 대답을 했습니다. 높은 산꼭대기에 혼자 가서 앉아 있는 것이 믿음이다. 높은 산에 올라가는 건 히브리서 11장, 믿음은 바라는 것의 실상이고, 또 올라가서 앉아 있는 건, 보지 못하는 것의 증거다, 라고 생각을 했습니다. 여러분도 한번 그렇게 생각을 해 보세요. 그러면 독좌대웅봉, 그 말도 좋은 말일 겁니다. 올라가는 것만도 아니고 앉는 것만도 아닙니다. 올라가서 앉는다는 것이 중요하다고 생각합니다.

이 산상수훈에 맨 처음 나오는 것이 팔복입니다. 복음이라는 말도 여기서 시작되었을 것입니다. 산상수훈에 나오는 '행복'이라는 말은 요새 한참 유행하고 있는 "나는 행복합니다"라는 노래 속에 나오는 행복이라는 말과는 차이가 있습니다. 산상수훈의 행복이라는 말은 "나는 행복합니다" 하는, 그런 행복이 아니고 핍박을 받는 자는 행복하다. 그러니까 쉽게 말하면 "좋다"

그런 말이 맞을 것도 같습니다. 나는 핍박을 받아도 좋다. 왜? 예수님 때문에. 거기 맨 마지막 줄에 "나를 위해서 핍박을 받는 사람은 행복하다"라고 되어 있는데 예수님 때문에 핍박을 받은 대표적인 사람은 사도 바울입니다. 고린도후서 11장에 보면, 자기는 40에 한 대 모자라는 매를 다섯 번 맞고, 태장을 세 번 맞고, 그리고는 돌맹이로 얻어맞은 것이 한 번, 또 그밖에 수없이 많은 박해를 받았다고 했습니다. 그렇게 박해를 받아도 바울 선생은 "좋다"이겁니다. 내가 늘 즐겨 외는 로마서 8장 35절에 "누가 감히 우리를 그리스도의 사랑에서 떼어 놓을 수 있겠습니까. 환난입니까. 역경입니까. 박해입니까. 굶주림입니까. 혹 위험이나 칼입니까. 무엇이든지 나를 그리스도의 사랑에서 떼어 놓을 수는 없습니다." 또 빌립보서에는 "비록 내 목이 잘려서 내 솟는 피가 교회의 제단 위에 뿌려질지라도 나는 기뻐하고 기뻐하나니." 그런 차원은 높은 것입니다.

그러니까 행복이라는 말을 쓰는 것보다는 "좋다!" 하나님이 천지를 창조하시고 빛이 있으라 하니 빛이 있었다. 어떤가. "좋다!" 그러니까 천지창조의 좋음이지 나는 행복합니다, 그건 아닙니다. 바울 선생식으로 말하면 내 속에서 터져 나오는 기쁨, 그런 세계입니다. 옛날 사람들은 행복이라는 말 대신에 하늘나라의 축복이라고 그랬습니다. 이건 축복이지 땅에서 말하는 행복과는 다르다는 것입니다.

그래서 여덟 가지인데 오늘은 네 가지만 소개하겠습니다. 삼육 십팔, 3절, 6절, 10절, 8절입니다. 3절은 "마음이 가난한 자는 복이 있나니 천국이 저희의 것이다." 6절은 "의에 주리고 목마른 자는 복이 있나니 저희가 배부를 것이다." 10절은 "의를 위해서 핍박을 받는 사람은 복이 있나니 하늘나라가 저희들의 것이다." 8절은 "마음이 깨끗한 자는 복이 있나니 저희가 하나님을 볼 것이다." 이 네 절을 가만히 보면 하늘에 속한 것이 있고, 땅에 속한 것이 있습니다. "온유한 자는 복이 있나니 저희가 땅을 차지할 것이다." 그래서 난 그걸 절반 갈라서 하늘에 속한 것과 땅에 속한 것으로 나누어서 오늘은 하늘에 속한 것을 말해 볼까 합니다. 그래서 네 절을 골랐습니다.

오늘 여기에서 제일 중요한 것이 의義인데, 올라간다는 것입니다. 우리가 가을이라 하면 하늘이 높아서 가을의 특색을 의라고 합니다. 요전에 요한복음 17장에서 "우리는 하늘에 속했다" 하늘에 속했기 때문에 자꾸 올라가려고 한다. 의에 주리고 목마른 자, 그것은 자꾸 올라가고 싶다는 겁니다. 종교적으로 말할 때 우리는 하늘에 속했기 때문에 올라가려고 합니다. 그러나 철학적으로 말할 때는 그렇게 말을 못해요. 칸트는 "사람이란 것은 이상하다. 자꾸 올라가려고 한다. 그런데 올라가려는 성질은 아무래도 인간의 본성인 것 같다. 그러나 철학의 입장에서의 이성으로는 그것을 이해할 수가 없다. 그것은 이성을 넘어섰기 때문에 철학에서는 뭐라고 답변할 수가 없다" 그렇게 말했습니다. "인간은 기구한 운명을 가지고 태어났다. 그것이 인간의 본성이기 때문에 거부할 수가 없고, 그것이 인간의 능력을 초월하기 때문에 대답할 수가 없다."『순수이성비판』의 서문에 나오는 말입니다.

사람은 자꾸 올라가고 싶어 합니다. 요전에 설악산에 갔더니 무수히 많은 사람들이 올라가요. 양폭에다가 짐을 놔두고는 그냥 올라가요. 대청봉 꼭대기까지 4시간이면 도착하는데 거기 대청 꼭대기에 올라가 앉았다가 양폭으로 다시 내려오면 2시간 반이면 내려온대요. 여학생들, 남학생들 할 것 없이 하루에도 몇 만 명이 올라가는지 모르겠어요. 자꾸 올라가고 싶단 말이지요.

사람이 올라가고 싶다는 건 칸트가 말하는 것처럼 인간의 본성입니다. 타고 나기를 그렇게 타고 난 것이 아닌가 생각합니다. 맨 처음에 에베레스트를 정복한 영국 사람에게 신문기자가 만나서 물었답니다. "당신 왜 올라가느냐?" "거기 있으니까(존재) 올라가지." 그렇게 대답 했대요. 무엇이 있으면 사람은 올라가고 싶어 합니다.

집에 어린이들은 책상에도 올라가고, 재봉틀에도 올라가고 아무거나 있으면 올라가지, 있는 걸 그냥 놔둘 수는 없다는 거예요. 이것이 어린이의 본성이 아니겠습니까. 그러니까 하나님의 아들 되는 우리 어린이들도 무엇이 있으면 자꾸 올라가고 싶지 그냥 놔 둘 수가 없어요. 자꾸 올라가고 싶은 것, 그래서 올라가고 싶은 사람은 행복하다고 하는 것입니다.

우리나라 고상돈, 그분도 에베레스트를 올라갔다 내려왔어요. 그분은 세상을 떠났지만 거기 올라갔다 내려왔어요. 그분은 세상을 떠났지만 거기 올라갔다 온 후에 세상을 떠났으니까 한은 없을 겁니다.

그런데 올라가려면 아무래도 어렵습니다. 그러니 의를 위해서 핍박을 받는 자는 복이 있나니, 그런 말이 나올 수밖에 없습니다. 하이데거는 자기는 산에 올라가는 걸 참 좋아하는데 산에 올라가는 이유가 세 가지 있다. 첫째는 고통이 뒤따른다. 다리도 아프고, 배도 고프고, 그 고통이라는 것이 참 좋은 거다. 둘째는 산에 올라가면 고독이 뒤따른다. 아무도 없는데 혼자 올라가니까 고독이 뒤따르는데 그것도 참 좋은 거다. 셋째는 산에 올라가면 고견高見이 뒤따르는데 그것도 참 좋은 거다. 인생에서 가장 좋은 것은 무엇인가. 고통과 고독과 고견이다. 그렇게 말했습니다.

인생에서 가장 중요한 것이 뭔가. 고통입니다. 그래도 우리가 이만큼 사람이 됐다는 것은 고통 때문입니다. 사실 사람 되게 하는 것은 고통이지, 사치나 이런 것 때문에 사람 된 것이 아닙니다. 젊어서 고생은 금 주고도 못 산다고 하지 않습니까.

유태 민족을 하나님이 사랑했다고 할 때, 하나님께서 어떻게 사랑했나 하면 유태 민족을 고생시켰다는 것밖에 없어요. 그것이 하나님의 사랑입니다.

그러니까 이 세상에서 문화인 소리 못 듣고 야만인으로 살아가는 사람들은 어떤 데 사는 사람들인가 하면, 먹을 것 넉넉하고, 옷 걱정, 땔 걱정 없는 데서 사는 사람들입니다. 그 사람들은 아직도 하나에서 일곱까지도 세지를 못해요. 저 남쪽의 섬에 가서 "너 몇 살인가?" "일곱 살이에요." "아버지는 몇 살인가?" "아버지도 일곱 살이에요." 그런데 정말 아버지를 만나서 물어봐도 일곱 살이라고 그런대요. 그러니까 팔자 좋은 데서 태어나면 야만인밖에 될 것이 없어요. 인류의 문화라는 것이 주로 살기 어려운 북쪽에서 나오죠. 춥고 견디기 어려운 데서 문화라는 것이 시작이 되지, 더운 데, 살기 좋은 데는 안 됩니다.

그래서 키에르케고르는 "하나님은 우리를 사랑하는데 손으로 사랑함이 아니라 발로 사랑한다" 했습니다. 발로 사랑하는 것이 무엇인가. 발로 차버리는 거죠. 사자는 동물의 왕인데 사자는 제 새끼를 낳으면 골짜기로 탁 차버려요. 그래서는 데굴데굴 굴러 떨어지는데, 다시 산꼭대기의 부모를 향해서 '얏' 하고 달려 붙는 놈은 갖다 기르고, 그만 떨어져서 '꽥' 하는 것은 내버려 둔답니다. 사자도 그렇게 하는데 하나님이 왜 그렇게 안 하겠습니까. 더욱이 하나님이 특별히 택한 선민選民이라면 탁

산 135

차버리겠지요. 데굴데굴 굴어서는 바빌론 골짜기 같은 데로 기어들어 가는 게 아니겠습니까.

하나님이 예수를 사랑한다고 하면, 탁 차버려서 사해死海 골짜기로 떨어지는 것 아니겠습니까. 그 사해 골짜기에서 40일 금식기도를 하고 냉큼 돌아서서는 하늘을 향해서 '얏' 하고 달려붙는 것, 그가 하나님의 아들입니다. 그리고는 헬몬 산(3,300m)을 기어 올라가는 그가 하나님의 아들입니다.

그러니까 올라가면 사는 거고, 떨어지면 죽는 거예요. 우리 기독교에서는 타락이라고 그럽니다. 선은 무엇인가. 선은 올라가는 겁니다. 악은 무엇인가. 악은 떨어지는 겁니다. 우리는 올라가야 합니다. 육체가 자랄 때는 육체가 자라야 하고, 육체가 자라는 것이 끝나면 마음이 자꾸 자라야 하고, 마음 자람이 끝나면 정신이 자꾸 올라가야 하고, 정신 자라는 것이 끝나면 영혼이 자꾸 올라가야 합니다. 자꾸 올라가는 것, 올라가고 또 올라가고 독수리처럼 올라가는 것, 이것이 신앙입니다.

자꾸 올라가는 데는 고생이 뒤따르는데 그 고생을 즐거워 할 줄 알아야 사람입니다. 고통이 싫다고 하면 사람 구실 못하고, 고통이 좋다고 해야 됩니다. 여러분이 이제 대강당까지 올라오는데 계단이 많아서 힘들지요. 그런데 좀 있으면 자리를 옮겨서 좀 더 높은 데로 가요. 그래도 여러분이 이게 좋다고 그래야 돼요. 그리고 고독이라고 하는 것이 없으면 인간은 생각을 못합니다. 니체는 이렇게 말했습니다. "내가 제일 사랑하는 것이 무엇인가. 고독이다." 고독은 높은 정신이지요. 인생은 이 높은 정신을 가지지 않으면 인생이라고 할 수가 없습니다.

그다음에 3절, 8절을 말씀드리겠습니다. "마음이 가난한 자는 복이 있나니 천국이 저희의 것이다." "마음이 깨끗한 자는 복이 있나니 저가 하나님을 볼 것이다." 이 두 마디를 말씀드리겠습니다.

올라간다는 생각을 하다가 오늘 제목을 〈산〉이라고 했습니다. 그런데 이 산은 백두산이라는, 그 산이 아니고, 그리스도라는 산입니다. 이것은 내가 고상돈이라는 분이 에베레스트에 올라갔다는 기사를 신문에서 보고 적은 글입니다.

세계의 지붕, 히말라야 정상에 태극기가 휘날렸다. 무서운 빙벽과 고요한 빙호와 넘치는 빙하가 8,848m 에베레스트의 모습이다. 옛 사람은 이 산을 설산雪山이라 했고, 이 설산은 가끔 위대한 스승에 비유되었다.

위대한 스승에게는 빙벽과 같은 의와 불의를 판가름하는 무서운 정의감이 감돌고 있다. 그리고 얼음같이 차가운 참과 거짓을 판가름하는 고요한 진리감이 깃들었고, 빙하같이 넘치는 삶과 죽음을 판가름하는 자비감이 흘러내려야 한다. 무서운 정의와 고요한 진리와 넘치는 자비가 하나가 될 때 위대한 스승은 이루어진다. 그에게는 무서운 의와 차가운 진리와 뜨거운 사랑이 합쳐져 하나의 스승을 이룩한다.

인생을 초월한 법사와, 중생을 초월한 약사와, 학생을 초월한 교사는 시간을 초월하고, 공간을 초월하고, 인간을 초월한 영원한 존재다. 실존은 땅의 뜻이라고 한다. 스승은 중생의 열쇠다. 이 열쇠 없이 중생은 구원받을 가망이 없다. 스승이야말로 중생을 구원할 수 있는 힘이요, 빛이요, 뜨거움이다.

눈에 덮인 히말라야는 영원히 구름에 덮이고 얼음에 덮여 범인 凡人의 접근을 불허한다. 다만 거기서 흘러나오는 물만이 오대양 육대주에 차고 넘친다. 우리가 그분에게서 받은 것은 넘치는 사랑뿐이다. 사랑의 배후에는 한없이 높은 지혜가 있고, 지혜의 배후에는 한없이 무서운 실재가 있다. 한없이 높은 인격과 한없이 깊은 지혜와 한없이 넓은 사랑이 하나가 되어, 하나의 스승의 모습을 아로새긴다.

8,848m의 에베레스트, 네 모습이야말로 위대한 스승, 그리스도의 모습이다.

그래서 우리가 에베레스트 8,848m의 높은 산을 생각하면서 그것이 그리스도의 모습이 아닌가! 그런 생각으로 산이라는 것을 생각해 봤으면 합니다. 그런데 그런 큰 산이 아니라도 한국에 있는 산도 좋아요. 산이란 올라갈 수 있어 참 좋습니다. 나는 지난 여름방학에도 설악산을 갔었습니다. 학생들과 외설악을 갔기 때문에 대청에는 못 올라가고 울산바위까지만 갔는데 울산바위도 780m라고 합니다.

어느 남자 대학 산악회 학생들이 울산바위를 갔다 온다고 해서 나도 같이 가도 좋으냐고 하니까 할아버지가 우리하고 같이 가겠느냐고 그래요. 그래서 가다가 못 가면 그만 둘 테니까 끼워달라고 해서 쫓아갔어요. 울산바위 꼭대기를 1시간 25분 걸려서 올라갔는데, 내가 결국은 계속해서 쫓아갔어요. 그리고는 내려올 때도 계속 그 학생들하고 내려와서는 공원 입구까지 왔어요. 그랬더니 학생들이 할아버지, 어떻게 그렇게 잘 걷느냐고 그래요. 자기들은 있는 힘을 다해 빨리 갔다 오는 건데 그걸 내가 계속해서 따라가고 있거든요. 그래서 내가 말하기를 학생들은 엔진이 좋지만 나는 빈 차다. 학생들은 젊은 때니까 엔진이 좋지요. 그래서 짐은 비록 많지만 그렇게 열심히 가는 거죠. 그런데 나는 엔진이야 이제 다 고장이 나서 이제 조금 있으면 멎으려고 하는데 난 빈 차예요, 짐이 없습니다.

여러분이 나를 보면 저 사람 왜 저렇게 말랐는가, 그러겠지만 말랐다기보다는 짐이 없는 겁니다. 사람이 외적으로 진 짐도 무겁지만 살이 많이 쪄도 무거워요. 그래서 살이라는 건 가끔 빼는 것이 좋습니다. 곰들은 겨우내 아무 것도 먹지 않아 그 동안 살이 쭉 빠져 버리지요. 봄이 되면 먹을 것이 아무것도 없어요. 그래서는 새 풀이 나면 그 풀을 먹고 살이 오르는데 살이 없어졌다가 찌는 것은 금세예요. 그래서 다시 살이 찌면 그건 보통 힘이 있지를 않습니다. 새 살입니다.

그러니까 사람의 몸도, 물결처럼 태극기의 음과 양이 있는 것처럼 들었다가 나가는 이런 운동을 호흡을 하듯이 하는 것이 좋습니다. 그렇지 않고 살을 그냥 놔두면 곰팡이가 돌고, 좀이 슬고, 속이 썩습니다. 그 썩는 것을 병이라고 합니다.

동물의 세계에는 병이 없습니다. 호랑이가 앓는다는 말 들었어요? 병이 없어요. 병이 있는 것은 사람한테 붙들려 매여 사는 동물에게만 병이 있는 거죠. 그건 자연을 떠났기 때문입니다. 자연에는 병이 없습니다. 왜 병이 없냐 하면 신진대사가 자연적으로 되니까. 그러니 여기 나이 많이 드신 분들, 살 많이 찌신 분들은 살을 좀 빼는 것이 좋습니다. 그래서 살만 쑥 빼면 몸이 훨씬 가벼워져요. 몸이 가벼워지고 다시 살이 오르면 상당히 힘이 있습니다.

나는 맨 처음에 살을 뺐더니, 그전까지는 이 대강당 계단 올라오는 것도 숨이 차서는 못 올라오겠더니 대강당이 뭡니까. 하루에 백운대를 두 번 올라갔다 내려왔어요. 내가 얼마나 숨이 안 차나 하고, 백운대를 올라갔는데 숨이 안 차요. 그래서 또 한 번 다시 올라가 보니까 그래도 숨이 안 차요. 숨이 찬다는 말은 벌써 짐이 무겁다는 말입니다. 짐이 무겁지 않게 내 몸을 가볍게 하는 것은 참 좋은 거라고 생각합니다.

옛날부터 가벼운 몸을 기체라고 그럽니다. "선생님 기체후 일향만강 하옵시며" 그러는데 선생님 가운데 기체후가 많지 않고, 고체후가 많고, 액체후가 많습니다. 그러니까 몸을 언제나 가볍게 해서 산만 보면 자꾸 올라가고 싶은, 그런 기분이 나야 됩니다. 독수리처럼 자꾸 올라가고 싶다는 것, 어린애들은 엔진이 좋아서 자꾸 올라가고 싶어 해요. 그래서 나무에도 올라가고 그럽니다.

그런데 어른이 되어 나이 많아지면 엔진은 믿을 수가 없고, 내 몸을 빈 차로 만들어야 되는데, 그렇게 몸을 가볍게 하면 자꾸 올라가고 싶어요. 나는 매일 이화대학에 오는데 이화대학에 오는 건지 뒷산에 오는 건지 모르겠어요. 점심때만 되면 난 늘 뒷산에 올라가는데 얼마나 기분이 좋은지 몰라요. 그래서 몸을 가볍게 만드는 것이 상당히 좋은 겁니다. 살이 많이 쪘어도 가볍게만 느껴지면 됩니다.

몸이 가볍다는 것, 그걸 다시 정신의 세계에 대입을 해보면 언제나 마음이 가볍다고 느껴야 됩니다. 그런데 마음이 가볍다는 말은 경솔하다는 말로도 잘못 오해를 할 수가 있으니 더 쉽게 말하면 언제나 마음이 맑고, 명랑하고, 즐겁고, 기분 좋고, 그래서 옛날 사람들은 마음이 비었다는 말을 썼습니다.

마음이 언제나 비어야 되는데 그러려면 언제나 말이 통해야 됩니다. 입으로는 언제나 밥이 통해야 됩니다. 코로는 언제나 바람이 통해야 되고, 눈으로는 언제나 이치가 통해야 되고, 귀로는 언제나 말이 통해야 되는 것입니다. 그래서 무슨 말을 하면 척 알아듣는다는 것이 상당히 중요한 것입니다. 여러분이 교회 온다는 것은 여기서 무슨 말을 하면 알아들을 수 있기 때문입니다. 이것이 중요한 겁니다. 마음이 막히면 알아들을 수가 없습니다. 세상에 말 안 통하고 무슨 말을 해도 꼼짝도 않는 사람처럼 답답한 사람이 어디 있겠습니까.

그래서 말이 통해서 말귀를 알아듣고 살려면, 역시 마음이 비어야 됩니다. 아만我慢이 있다든가, 아집이 있다든가, 교만하다든가 하는 사람들의 마음은 닫혀서 그렇습니다. 자기라는 것이 꽉 막혀지면 저밖에 없어요.

그러니까 마음이 넓으려면 자기라는 소아小我를 버리고 어떤 의미로는 무아無我가 되어야 합니다. 그래서 누구의 말이든지 언제나 빈 그릇을 가지고 받아들일 수 있는, 그런 여유가 있어야 됩니다. "영웅 흉중에 한가월이라." 영웅의 가슴 속에는 언제나 한가한 달이 떠있다. 밤낮 바쁘다고 그러지 말고 언제나 한가하게, 여유 있게, 그렇게 사는 것이 좋습니다.

아까도 성경반 시간에 나는 아무와도 다툴 상대가 없다, 란 말을 들었는데 그런 여유가 있어야 돼요. 소크라테스가 지나가는데 누가 뒤에서 뒤통수를 갈겼어요. 그런데 소크라테스가 그냥 가더랍니다. 그러니까 옆에 있는 사람이 당신이 안 때리면 내가 때리겠다고 달려드니까 "당신은 개가 짖으면 같이 짖겠는가" 그랬다고 합니다. 소크라테스 속에는 언제나 여유가 있었던 거죠.

그런데 여유가 있는 마음은 거저 되는 것이 아닙니다. 말을 많이 들어야 돼요. 나는 지금 63세예요. 몇 살이나 된 것 같아요? 그래도 난 아침 성경공부 시간에 빠진 적이 없어요. 듣는다는 건 죽기까지 들어야 됩니다. 그래서 공자는 논어 1장에 "학이시습지 불역열호 學而時習之不亦說乎"라고 했습니다. 우리는 죽는 날까지 배워야 됩니다. 우리가 다 알았다, 그런 것이 없어요. 계속 배우고 평생을 배우는 겁니다.

교회가 좋은 것은 그것입니다. 누구든지 와서 배울 수 있다는 것, 문을 열어 놓는다는 것이 얼마나 좋은지 모르죠. 세상에 배우는 것처럼 즐거운 것이 없습니다. 여러분이 일생을 살다보면 그것만은 확실히 알 것입니다.

물론 아까도 말했지만 건강한 것은 좋은 것입니다. 그러나 사람이 건강한 육체를 가졌다고 해서 건강한 정신이 되나. 그렇게는 잘 안 됩니다. 건강한 정신이란 배워야 합니다. 배우고 또 배워서 깨닫고, 또 깨닫는 것, 그래서 우리의 마음이 넓어지고, 여유가 있게 되고, 인생이 낙관이 되고, 인생이 즐거워지는 것입니다. 우리가 말씀으로 구원 받는다고 하는데 이 말도 배운다는 말입니다. 마음이 가난한 자는 복이 있다는 말은 결국은 배우는 자는 복이 있다는 말이나 같은 것입니다.

배운다고 하는 것은 마음이 비어야 되거든요. 그릇이 비어야 뭘 담을 수가 있습니다. 언제나 텅 빈 마음을 가지고 누가 말을 하든지 받아들일 수 있고, 소화시킬 수 있는 것이 참 중요합니다. 그러니까 몸이 가벼운 것뿐만 아니라 언제나 마음도 가볍게, 비게 해야 하는데 옛날 사람들은 진짜 빈다고 해서 진공眞空이란 말을 썼습니다. 정말 비어서 얼마든지 받아먹을 수 있는 것, 그것이 건강한 사람입니다. 이것저것 골라먹는 것은 건강하지 못하죠. 무엇이나 받아먹을 수 있게, 무슨 말이나 들을 수 있게, 그렇게 되어야 합니다.

그러니까 여기 젊은 사람들이 말 듣는 연습을 하여야 되겠기에 김동길 선생님과 나와 둘이 말하는데 그중 다만 한 사람의 말이라도 들을 줄 알아야 합니다. 그래서 귀가 뚫려야 합니다. 귀가 뚫리기 위해서는 마음이 뚫려야 합니다. 마음이 뚫리기 위해서는 자꾸 듣는 연습을 해야 됩니다.

그래서 오늘도 듣고 생각하고, 내일도 또 듣고 생각하여야 합니다. 생각한다는 것이 또 얼마나 중요한지 모릅니다. 말을 듣지 못하면 생각을 못합니다. 자꾸 생각하는 동안에 마음이라는 것이 한없이 커지고, 한없이 넓어지고, 나중에는 우주보다 더 커져서 우주도 이 마음속에 들어가는, 그런 큰 마음이 되어야 우리가 예수님의 마음을 이해할 수 있지 그렇지 못하면 예수님의 마음을 이해하기가 어렵습니다.

　이제 지금의 3절은 귀가 뚫린 것이지만 맨 꼭대기에 올라가면 뭐가 뚫리나. 눈이 뚫리는 거죠. 사람은 귀가 뚫리고, 눈이 뚫리고, 입이 뚫리고, 코가 뚫리고, 이 네 가지가 뚫려야 합니다. 요전에 의를 위해서 주리고 목마른 자는, 그건 입이 뚫렸다고 봐야겠습니다. 의를 위해서 핍박을 받는 자, 그건 코가 뚫렸다고 봐야 되겠습니다. 그리고 3절은 귀가 뚫렸다고 봐야 되겠고, 8절은 하나님을 본다는 것, 그것이 또 중요합니다.

　하나님을 본다. 그런데 그것을 신비적으로 생각하면 안 돼요. 하나님을 본다는 말은 산꼭대기에 올라갔다는 말입니다. 산꼭대기에 올라가면 전체가 보이니까 그 꼭대기에 올라가면 하나님을 본다는 것이 무슨 뜻인지를 알 수가 있습니다. 산꼭대기에 올라가서 전체를 볼 수 있다는 것, 그걸 요새 말로 하면 입장立場이라는 말을 씁니다. 자기의 입장을 가진다. 그리스도란 뭔가. 입장이라고 할 수 있습니다. 우리가 예수를 믿는다고 그러는데 믿는다는 건 뭔가. 하나의 입장을 가지는 것입니다. 산꼭대기에 올라 앉는 것입니다. 산꼭대기에 올라가 앉으면 흔들리는 것이 없습니다. 언제나 편안하고, 언제나 전체를 생각할 수가 있고, 언제나 직관할 수 있고, 언제나 근원적인 것으로 살 수가 있습니다.

그런데 산꼭대기에 올라가지 못하면 언제나 불안합니다. 차도 산꼭대기에 올려다 놓으면 편안하지만 도중에 있으면 미끄러집니다. 영어를 공부할 때도 꼭대기에 올려다 놔야지 중간쯤 하면 10년을 하나, 3년을 하나 마찬가지입니다. 미끄러지면 다 내려가 버려요. 그런 걸 오십보백보라고 합니다. 그러나 일단 산꼭대기에 올려다 놓으면 그것이 낮은 산이건, 높은 산이건 안정된 것을 가질 수가 있는 것입니다. 맨 꼭대기에 올라가는 자는 마음이 깨끗한 자예요. 눈이 깨끗한 자는 역시 마음이 깨끗한 자예요. 마음이 깨끗해야 눈이 깨끗해지지, 마음이 깨끗하지 못하면 눈이 깨끗하지 못합니다. 그래서 우리가 하나님을 보았다, 하나님을 가졌다, 하나님을 붙잡았다고 합니다.

요새는 신학적으로 말해서 하나님을 위에 있다고 생각하지 않습니다. 옆에 있다고도 생각하지 않습니다. 요새는 하나님을 밑에 있다고 생각합니다. 그래서 존재의 근거라는 말을 자꾸 씁니다. 하나님은 우리 밑에 계신 것이지, 하늘에 계신 것도 아니고, 내 마음 속에 있는 것도 아니고, 내 밑에 있다. 요새 신학으로 말해서 그런 식으로 생각하는 것, 그것도 좋다고 생각합니다.

그래서 로마서 10장 4절에 보면 "그리스도는 반석이다"라는 말이 있습니다. 그리스도는 우리 밑에 있어서 언제나 우리를 올려놔 주는 반석이에요. 하나님은 산성山城이다, 그런 말도 있어요. 우리가 반석 위에 집을 짓고 절대 흔들리지 않는 것이 믿음입니다. 이 믿음이 바라는 것의 실상이요, 보지 못하는 것의 증거입니다. 그러니까 산꼭대기에 올라가는 세계, 그것이 곧 마음이 깨끗한 자는 복이 있나니 저희가 하나님을 볼 것이다, 그것입니다. 그렇게 올라가 놓으면 얼마든지 가르칠 수가 있어요.

우리가 기독교인이라고 하는데 이 교인이란 뭔가. 가르치는 사람이란 겁니다. 그런데 가르치기 위해서는 반드시 하나의 입장이 있어야 됩니다. 오늘은 이런 말을 했다, 내일은 저런 말을 할 수가 없습니다. 언제나 하나의 입장에 서서 다른 말을 해도 해야지 그 입장이 없으면 안 됩니다.

오늘도 우리가 성경반에서 예수는 그리스도다 하는, 그 입장에 서서 우리가 생각해야 된다, 그런 말을 자꾸 하는데 이 예수는 그리스도란 입장, 그것이 없으면 이 교회는 없는 것입니다. 그러니까 필요한 건 언제나 하나의 입장인데, 그 입장이라는 것만 서면 언제나 교敎라고 하는 것이 나오게 됩니다. 종교라고 하는 교는 언제나 하나의 입장을 가지고 있어요. 그 입장이 서야 교인이 되는 것이고, 그 입장에 설 수 없으면 교인이 될 수 없습니다. 교인이 되면 얼마든지 가르칠 수 있습니다.

그래서 공자는 "교이불권敎而不倦" 나는 아무리 가르쳐도 권태를 느끼지 않는다. "학이불염學不而厭" 나는 아무리 배워도 싫증이 나지 않는다고 했습니다. 3절은 아무리 배워도 싫증나지 않는 것, 그것이 마음이 가난한 자예요. 8절은 아무리 가르쳐도 권태를 느끼지 않는 것, 그것이 마음이 깨끗한 자예요. 그건 마음이 깨끗한 자만이 능히 할 수가 있습니다.

선생이란 무엇인가. 마음이 깨끗한 자예요. 선생이란 사람은 뭘 봤나. 하나님을 본 사람이에요. "세상에 하나님을 본 사람이 없으되 내가 하나님께서 나왔느니라" 그런 말이 있어요. 선생이란 사람들은 다 하나님을 봤지, 보지 못하고는 말 못합니다. 말이라는 건 따로 외서 하는 것이 아닙니다. 보고 하는 거예요. 내가 지금 국화꽃을 보면서 국화에 대해서 어떻다고 얼마든지 말할 수 있어요. 그러나 보지 못하고는 말 못합니다.

그러니까 학생은 얼마든지 들어야 되고, 선생은 얼마든지 가르쳐야 돼요. 듣는다는 것은 귀 이耳 자를 쓰고, 가르치는 것은 입 구口 자를 쓰는데, 귀 이 변에 입 구, 그것이 잘 돼서 왕이 되면, 그것이 성경의 성聖 자예요. 얼마든지 들을 수 있고, 얼마든지 가르칠 수 있는 것이 선생입니다. 이제 배울 필요가 없다고 생각하는 것은 아직도 반 편 밖에 안 되는 것입니다. 선생으로서 가르쳐야 되고, 학생으로서 배워야 되고, 언제나 배우고 가르치고가 겹치는 것이지 따로따로 있는 것이 아닙니다.

언제나 우리는 산에 올라갈 줄도 알아야 되고, 그러면서 우리가 산 위에 올라서서 볼 줄도 알아야 되고, 그래서 이 두 가지를 함께 하여야겠기에 오늘은 산이란 말을 해봤습니다.

# 물

1981년 9월 13일

마태복음 5:3~10

　슬퍼하는 사람은 행복하다. 그들은 위로를 받을 것이다. 자비를 베푸는 사람은 행복하다. 그들은 자비를 입을 것이다. 온유한 사람은 행복하다. 그들은 땅을 차지할 것이다. 평화를 위하여 일하는 사람은 행복하다. 그들은 하나님의 아들이 될 것이다.

　요전 시간에 예수님께서 산에 올라갔다는 얘기 때문에 〈산〉이라는 제목을 붙여 산에 대해서 말을 했으니까, 오늘은 물이라는 말을 해야, 뭔지 제격에 맞을 것 같습니다. 그래서 〈물〉이라고 제목을 정했습니다.

　어제도 저는 도봉산엘 갔었습니다. 제가 늘 가는 몽천암이라고 하는 골짜기로, 거기에는 늘 샘물이 솟아나옵니다.

역시 산에는 물이 있어야 산이지, 물이 없으면 산이라고 할 수가 없습니다. 명산을 찾아가 보면 다 물이 풍부합니다. 지리산에 가 보아도 어디에서 나오는 물인지 쏟아져 나오고, 설악산도 참 물이 많습니다.

그래서 옛날 사람은 산과 물을 같이 붙여서 산수山水란 말을 쓰기를 좋아했습니다. 산을 즐기고 물을 즐긴다. 즐길 낙樂 자를 특별히 '요'라고 발음하여 요산요수樂山樂水라고 말합니다. 그래서 인자요산仁者樂山 지자요수知者樂水, 그런 말을 쓰는데 어진 사람은 산을 좋아하고, 지혜로운 사람은 물을 좋아한다는 말입니다.

요전에 산이라는 말은 그리스도라고 했습니다. 우리가 그리스도를 생각하기 위해서, 산의 성격을 따져가면서 그리스도의 성격을 한번 따져보는 것이고, 이 물도 흘러가는 물이 아니라 역시 그리스도를 생각해 보자는 말입니다.

세상에 인자라고 하면 예수님처럼 인자가 없고, 지자라면 예수님처럼 지자가 없습니다. '인'이라고 하는 건 힘 있는 사람인데, 산이라는 건 힘이 있는 거죠. '지'라고 하는 건 아는 것이 많다는 것인데, 그것을 우리는 보통 안다, 밝힌다 즉 빛이라는 말을 씁니다. 힘 있는 사람, 빛나는 사람, 그것이 인자와 지자입니다. 우리가 예수 그리스도라고 하면 빛과 힘이지 그 이상일 수도 없고, 그 이하일 수도 없습니다.

퀘이커(Quaker)를 시작한 조지 폭스(George Fox)라는 사람은 "나는 예수 그리스도로 통해서 빛과 힘을 얻었다"고 말했습니다. 우리가 여기 이렇게 모이고, 또 그리스도를 사랑하는 것은 예수 그리스도를 통해서 빛과 힘을 얻으려고 모이는 거지 그 외에 아무 것도 없습니다.

만일 세상에 행복한 사람이 있다면 빛과 힘을 가진 사람일 것입니다. 행복은 희랍말로 유다이몬(Eudaimon)인데 그 말이 '하나님과 같이' 그런 말입니다. 성경식으로 말하면 '임마누엘' 그 말입니다. 그런데 '하나님' 그러면 언제나 전지전능全知全能을 생각하지 않을 수가 없는데 '전지' 란 말은 빛이란 말이고, '전능' 이라는 말은 힘이란 말입니다. 결국 전지를 붙잡은 사람이 지자일 것이고, 전능을 붙잡은 사람이 인자일 것입니다.

동양 사람들도 지라고 하는 문제, 인이라고 하는 문제를 많이 생각했습니다. "지자는 불혹不惑이고, 인자는 무우無憂라." 지자는 아무 데도 홀리는 데가 없고, 인자는 아무 걱정이 없다. 우리가 퇴계, 율곡을 생각할 때 이발기발理發氣發, 기발이승氣發理乘, 그런 생각을 자꾸 하게 되는데 '이'란 곧 빛이요, '기'란 곧 힘입니다. 행복이 하나님과 같이 있는 것이라면, 빛과 힘을 가진 것이 행복하지 그 외에 무엇이 있겠습니까.

요전에 우리가 "마음이 가난한 자는 복이 있다. 천국이 저희의 것이다. 의에 주리고 목마른 자는 복이 있다. 그가 배부를 것이다. 의를 위해서 핍박을 받는 자는 복이 있다. 천국이 저희의 것이다. 마음이 깨끗한 자는 복이 있다. 하나님을 볼 것이다." 그것을 우리가 산에 올라가는 식으로 생각을 해봤는데 그건 '의'자가 있기 때문에 올라간다고 생각을 했습니다.

그런데 오늘 나머지 4절, 5절, 7절, 9절에 있는 "애통하는 자는 복이 있다. 저가 위로함을 받을 것이다. 온유한 자는 복이 있다. 저가 땅을 차지할 것이다. 자비한 자는 복이 있다. 저가 자비함을 받을 것이다. 화평케 하는 자는 복이 있다. 저가 하나님의 아들이라 일컬음을 받을 것이다." 이 네 가지는 아무래도 땅에 속한 말이고, 물에 속한 말이라고 생각합니다.

그래서 자비慈悲라고 하면, 왠지 하늘에서 내리는 비처럼, 가물 때 비가 오면 사랑 자慈 자를 써서 자비이고, 목마를 때 해갈을 시켜주고, 죽어가는 생명을 살려주는 자비입니다. 옛날 사람들이 하늘을 향해서 기도를 드렸다면 비 오는 기도를 제일 많이 했을 겁니다. 농사짓는 사람이 비 안 오면 어떻게 하겠습니까. 그래서 자비, 그럴 때 비처럼 생각됩니다. 우리가 하나님의 은혜라는 말을 많이 쓰는데 하나님의 은혜를 받는다는 것이 우리도 생명이니까, 생명이 자라기 위해서는 하나님께서 부어주시는 자비를 기다리고 있는 것입니다.

또 우리가 화평이라는 말, 평화라는 말을 생각해도 평화의 빛깔이라면 푸른 빛, 초목의 빛깔을 생각하게 됩니다. 푸른 빛깔이 역시 평화의 상징이고, 평화를 만드는 사람이 하늘의 아들들인데, 사막지대를 가보면 물이 없어요. 그냥 봐서는 아무것도 없는 것 같은데, 그래도 자세히 들여다보면 선인장도 있으나 거의 황량합니다. 그런데 차차 사막지대를 벗어나기 시작하면 산골짜기에서부터 조금씩 파릇파릇하기 시작하고 물이 올라가는 선까지가 일직선으로 그어지면서 푸른 색으로 덮이는데 산의 밑에는 파랗고, 그 위에는 아무것도 없고, 또 좀 더 가면 가운데까지 파랗고, 이렇게 해서 계단식으로 푸른 색이 올라가고 있는 것을 볼 수 있습니다. 그것을 볼 때 생명이라는 것을 생각하게 되고, 전쟁과 살육처럼 비생명적인 것은 사막 같은 걸 생각 안 할 수가 없습니다.

그래서 "여호와는 나의 목자시니 내게 부족함이 없다. 푸른 풀밭에 눕게 하시니 잔잔한 시냇물가로 나를 인도하신다"고 하는, 이런 시냇물이나 강물을 생각할 때는 역시 거기에 푸른 풀밭과 초목들을 생각하지 않을 수가 없고, 그 세계야말로 생명의 세계이고, 생을 존중하는 세계이고, 평화의 세계입니다. 그래서 '자비'라고 하면 하늘에서 오는 비 같고, '평화'라고 하면 흘러가는 시냇물 같아요.

또 온유한 자는 복이 있다. 이 말은 본래 원어는 '짓밟혔다'는 말이랍니다. 땅속으로 짓밟힌 사람, 그런 사람이 복이 있나니, 그런 사람이 땅을 차지할 것이다, 라는 뜻인데 그런 말을 들으면 지하수 생각이 납니다. 짓밟혀서 땅속에 들어가서 땅속을 숨어 다니는데, 역시 땅은 지하수의 땅이지 다르게 될 것이 없는 것 같고, 그 지하수가 터져 나올 때 우리는 샘물을 사랑하게 되고, 샘물을 가지게 되고, 샘물이라는 것이 또 우리에게 얼마나 좋습니까. 지나가는 사람마다 들려서 마시고, 참으로 중요합니다.

또 슬퍼한다, 애통한다, 그런 말도 눈물이 흐르니까 눈물 같고, 눈 녹은 물 같아요. 애통한다는 것도 폭풍이 이는 바닷물 같고, 비룡폭포에서 떨어지는 폭포수 같고, 이렇게 바닷물이고 폭포물이건 간에 물이 흔들리는 모양을 생각해 보면서 애통이다, 슬픔이다, 그런 생각을 해봅니다. 그래서 빗물, 흘러가는 시냇물, 샘물, 바닷물, 이런 여러 가지 물을 성경 말씀에 한번 붙여 가면서 생각을 해보는 겁니다.

물이 얼마나 중요한 것인지 물에 대해서 쓴 글을 읽어 보겠습니다. 노자 8장에 상선약수上善若水란 말이 있는데, "세상에 제일 좋은 것이 뭔가" 할 때 노자는 "물 같다"고 했습니다.

서양 학자들이 중국에 와서 노자를 연구해 보니까 기독교와 너무도 같다. 그래서 노자라고 하는 이 늙을 '노老' 자는 늙었다는 말이 아니라, 서양 사람들 중에 머리가 하얀 사람들이 많이 있으니까 머리가 하얗다고 노자라고 썼나 보다, 그렇게 말한 사람까지 있어요. 이 동양의 노자사상을 서양 사람들이 참 좋아해요. 독일의 유명한 철학자 하이데거 같은 사람은 평생에 노자라는 책을 수집했고, 슈바이처도 마지막에 제2차 세계대전이 끝날 때, 자기가 감상을 쓴 것이 있는데, 그때 노자를 읽고 있었다는 말을 썼어요. 그러니까 서양 사람들도 노자에 대해서 많이 보는 겁니다.

썩잘[上善]은 물과 같구나. 물은 잘몬[萬物]에게 잘 좋게 하고 다투질 않으니 뭇 사람 싫어하는 데로 지내므로 거의 길[道]이로다. 있기는 땅에 잘, 속은 깊기 잘, 주기는 어질기 잘, 말은 미쁘게 잘, 바로 잡을 데 잘 다스리고, 일은 더할 나위 없이 잘, 움직이는 데 때 잘 마지 그저 다투질 않기로 만하니 허물없으라.

(〈늙은이 8월[老子 第八章]〉 사색 제8호, 1971년 6월, p. 20. 다석 유영모의 노자 풀이.)

물같이 사는 것이 제일 잘 사는 것이다. 물은 스스로 움직여 남을 움직인다. 물은 언제나 자기의 갈 길을 찾아 나간다.

물은 장애에 부딪쳐 더욱 심하게 그 세력을 배가倍加한다.

물은 언제나 스스로 깨끗하여 다른 것의 더러움을 빨아주며 맑고 흐림을 통째로 삼키는 아량이 있다. 물처럼 좋은 것이 어디 있을까. 공자도 물 흘러가는 것을 보고는 찬탄을 금할 수가 없었다.

물은 언제나 만물을 도와주고 그들과 다투지 않는다. 모든 사람이 싫어하는, 제일 낮은 데 처하여 스스로 도를 즐긴다. 성인도 마찬가지다. 남을 살릴 뿐 그들과 싸우지 않고, 모든 사람이 내던진 무욕無慾의 경지에서 천지를 즐긴다. 그 모습이 어찌도 그리 같을까. 낮은 땅에 처하기를 좋아하고, 깊은 못에 들어가기를 좋아하고, 살리기를 좋아하고, 거짓이 없고, 남을 도와주려고 힘을 쓰고, 때를 맞추고 천지와 함께 살아 아무것과도 다투지 않으니 물은 흠 잡을 것이 없다.

성인도 마찬가지다. 낮은 데 처하기를 좋아하고, 생각은 깊이 하고, 사랑은 넓게 하고, 말은 믿음직하고, 다스림은 올바르며, 일은 잘하고, 때는 잘 맞추니 성인과 다툴 이가 어디 있을까. 무엇으로 흠을 잡을까. 땅에서 솟는 샘물, 강으로 흐르는 냇물, 바다에 넘치는 짠물, 그리고 하늘을 나는 빗물, 아아! 물이로구나. 물!

(김흥호의 〈늙은이 8월[老子 第八章]〉의 해석.)

공자도 흘러가는 물을 보고 아, 물이로구나. 물! 그런 감탄을 합니다. 물이라고 하는 건 언제나 어머니와 같아, 노자는 어머니를 참 존경했습니다. 물은 만물을 살리고, 만물을 깨끗이 합니다. 비가 온다는 것은 세상을 빗자루로 한번 깨끗이 쓰는 거죠. 물은 또 배를 띄워 여기저기 물건을 날라다 주는 성질이 있는데 이 성질이 어머니를 생각하게 합니다. 어머니는 젖을 먹여 우리를 살려주고, 기저귀를 다 빨아 주고, 밤낮으로 업어 주지요. 배처럼 업고 다니고, 물처럼 빨아 주고, 그런 것을 가만히 생각할 때 물과 어머니를 연결 안 할 수가 없어요.

그러다가 사람들이 물을 무엇과 같이 생각했나 하면 아까도 지자요수라는 말을 썼는데, 진리와 같다는 생각을 했습니다. 진리라고 하는 건 우리의 정신을 살려주는 거죠. 만일 하나님의 말씀이 없다면 우리의 정신은 벌써 죽었을 겁니다. 또 죽지 않았으면 잠들었을 겁니다. 우리는 하나님의 말씀 때문에 자꾸자꾸 깨어나고, 정신이 자꾸 살아나거든요. 그런 것을 생각할 때 진리를 생각 안 할 수가 없습니다. 또 우리의 마음이 아무리 더럽다고 하더라도 이 진리의 말씀으로 씻어내면 씻겨지지 않을 더러운 마음이 없어요.

물이라고 하는 건 신통합니다. 자기가 더러운 것을 다 안고 상대편을 깨끗이 하는 거죠. 마치 예수님께서 우리의 죄를 다 지고, 십자가를 지고 더러워지듯이, 이 진리라고 하는 건 언제나 우리를 깨끗하게 하는, 그런 성질입니다.

또 진리는 언제나 우리를 들어 올려 존귀하게 해 주는 그런 성질이 있기 때문에 옛날 사람들은 진리라고 하는 것과 물이라고 하는 것을 같다고 생각했습니다. 물이 좋다는 말은 동시에 어머니가 좋다는 말이고, 어머니가 좋다는 말은 동시에 진리가 좋다는 말입니다.

그래서 옛날부터 물의 성격을 언제나 세 가지로 들었습니다.

물은 깨끗한 것입니다. 우리가 공해를 말하고 오염을 말하는데, 정말 깨끗한 물이 그리워집니다.

그런데 제일 깨끗한 물은 묘향산에서 흘러 내려오는 청천강 물인데 기차를 타고 다리를 지나가다 보면 몇 길이나 되는지는 모르지만 속까지 꿰뚫어 보여요. 그 깨끗함은 말할 수가 없어요. 압록강은 가보니까 흙탕물이에요.

물이라고 하는 건 언제나 깨끗한 것이 자기의 본성이기 때문에 언제나 깨끗한 본성을 지키려고 애를 쓰고 가만 놔두면 저절로 깨끗해지고, 흘러가면서 또 깨끗해지고, 바다에 가서 퍼지면서, 하늘에 올라가면서, 비가 내리면서, 땅에 스미면서, 샘물로 솟으면서 또 깨끗해지고, 이 물은 계속 자기의 깨끗함을 지키려고 합니다. 이걸 우리가 순수라고도 하는데, 물의 본성은 순수한 것이죠.

불교인들은 사람의 마음은 "자성청정심自性淸淨心" 즉 물처럼 깨끗한 것이라는 말을 많이 써요. 사람의 마음도 본래 깨끗한 거죠. 사람들이 아침에 일어나면 손을 씻고 세수를 하는 것도 깨끗하려는 거죠. 깨끗하면 좋으니까. 그리고 깨끗하니까 살지 만일 더러우면 병이 나서 다 죽었지요.

웰스(Herbert G. Wells)라는 역사학자는 "문명국가와 야만국가의 차이는 어디에 있는가. 물을 많이 쓰는 것이 문명국가고, 물을 조금 쓰는 것이 야만국가다"라고 말했어요. 문명국가가 되면 될수록 깨끗한 걸 좋아하고, 공장에서나 어디서나 자꾸 물을 쓰게 되는 것입니다.

그러니까 제일 중요한 것이 물입니다. 그래서 물이 깨끗해야 될 텐데 자꾸 오염되는 것, 이것처럼 슬픈 일이 없습니다. 산에 올라가서 샘물을 찾아가는 것도 깨끗한 물을 먹어 보려고 찾아가는 것입니다. 어머니의 사랑은 한없이 순수한 것이고, 진리라는 것도 한없이 순수합니다.

물의 또 하나의 성질은 여러 가지로 변하기 때문에 고정된 모습이 없습니다. 네모난 그릇에 넣으면 네모나고, 둥그런 그릇에 넣으면 둥그렇고, 그것뿐만이 아니고 하늘에 나르면 구름이 되고 자꾸 움직입니다. 물론 얼게 되면 굳기도 하겠지만, 이런 것을 옛날 사람의 말을 빌리면 무상無相이라고 합니다.

환난이나 곤고나 핍박이나 기근이나 적신이나 칼이나 무엇이든 두려움이 없이, 한없이 그리스도를 사랑한다고 말할 때 바울 선생의 사랑이 순수입니다. 그러나 또 다시 바울 선생은 나는 부富한 곳에 처할 줄도 알고, 빈貧한 곳에 처할 줄도 안다. 이렇게 할 줄도 알고, 저렇게 할 줄도 알고, 얼마든지 변해 가지고 거기에 맞출 줄을 안다고 합니다. 물의 무상無常이라는 말과 비슷한 말이지요.

물은 어디에 가나 맞출 수가 있으며, 얼마든지 바뀔 수가 있어요. 바뀌면서도 계속 물이지 물 아닌 것이 없어요. 그러니까

물 159

어머니의 사랑도 계속 바뀌지요. 갓난아기에게는 이렇게, 좀 크면 저렇게, 더 크면 이렇게 계속 바꿔가면서 사랑하지 똑같지 않습니다. 마치 이런 병에 걸린 사람은 이런 약을, 저런 병에 걸린 사람은 저런 약을 주듯이 본인에게 맞게 자꾸 자기를 움직여간다는 것이 어머니의 사랑이라고 볼 수 있죠.

진리도 마찬가지입니다. 이런 사람에게는 이렇게, 저런 사람에게는 저렇게 하여 대상에 맞추지 독재적으로 강요하지 않습니다. 말씀도 다 자기 나름대로 듣고, 자기 나름대로 감동하는 것이지, 똑같은 말로 다 감동한다는 것이 없습니다.

그러니까 진리의 모습도, 어머니의 모습도, 물의 모습도, 다 무상입니다. 순수라고 하는 것을 일념불생一念不生이라고 하여 무념無念이라고 합니다.

또 한 가지 물의 특색은 무주無住입니다. 얼마든지 흘러가는 거지요. 물은 끝나는 법이 없습니다. 영원합니다. 어머니의 사랑도 끝나는 법이 없습니다. 그리고 하나님의 말씀도 끝나는 법이 없습니다.

여러분, 앞으로 천 년 후에 대학교회가 어떻게 될까요. 그때도 계속 말하는 거죠. 만 년 후에도 하나님의 말씀은 계속되는 것입니다.

그러니까 진리도 영원하고, 어머니의 사랑도 영원하고, 물도 영원하고, 그래서 옛날 사람은 무념, 무상, 무주, 이것이 진리의 모습이요, 어머니의 모습이요, 물의 모습이라고 하였습니다. 그 것은 물의 모습일 뿐만 아니라 인생의 모습입니다. 그것이 곧 예수 그리스도의 모습입니다.

# 배 [船]

1981년 10월 18일

마태복음 5:13~16
 너희는 세상의 소금이다. …… 너희는 세상의 빛이다. …… 너희의 빛을 사람들 앞에 비추어 그들이 너희의 착한 행실을 보고 하늘에 계신 아버지를 찬양하게 하여라.

 이 땅에서 하늘까지 가는 그 길을, '배 타고 가는 길'이라고 생각해서 오늘의 설교 제목은 〈배[船]〉라고 정했습니다.
 이제 정 다산이 예수를 믿는다고 18년 간 귀양살이하면서 『목민심서牧民心書』를 썼던 그의 이야기를 옮겨 보겠습니다.

 샘물의 뜻은 항상 바다에 있었기에, 바위가 이빨 돋쳐 제 아무리 막아내도, 천 리의 험한 길을 뚫고 벗어나, 너 의젓이 험한 골을

턱 나섰구나. 반석이 편편해서 마음 놓고 달렸더니, 홀연히 천 길 벼랑 뒹굴어 떨어지네. 폭포 소리 우렁차게 성난 듯하며, 속은 듯이 노여워 부르짖었네. 나그네 마음이 그 아무리 맑아도 오히려 깊고 맑은 물만 못하리. 서리 맞은 가을 단풍 물에 비치니, 노란 유리, 맑은 수정 찬란도 하네. 바위틈 새는 물이 검푸르게 걸렸다가, 첩첩한 돌 사이를 흥건히 적셨으니, 천만 길 구름 속, 아득한 곳에 샘의 근원 찾을래야 알 길 없구나.

이 시는 다산의 「물과 구름의 노래」입니다. 물은 땅에 있고, 구름은 하늘에 있습니다. 그래서 땅에서 하늘로 가는, 생각의 시詩입니다.

사람은 땅에서 나서 물처럼 흘러 벼랑에 떨어지고 고요하니, 괴어 담潭이 되었다가, 다시 바다가 되고, 구름이 되어 하늘 높이 나르는 구름과 같다. 샘물의 뜻은 바다에 있기에 아무리 험한 바위도 어린애의 의지를 꺾을 수 없고, 천 길 벼랑에 굴러 떨어져 노여워 부르짖는 젊음이 없으면 젊은 시절이 무엇이 그리 장하랴. 그러나 머리에 서리가 내려 흰 털이 섞이고, 가을 단풍이 맑게 비치면 젊어서의 괴로움도 씻은 듯 가라앉고, 진리의 보름달이 밤하늘을 비추이네. 그러나 검푸른 바위 위에 파도가 치고, 첩첩한 돌 사이에 눈이 덮일 때 이내 마음 구름 되어 하늘에 올라 샘의 근원 요원하여 알 길 없구나. 인생은 신비하고도 가까운 물길, 하늘의 구름과 대지의 샘물, 흐르고 흘러서 바다가 되었다가 높이 올라 하늘을 뒤덮으니, 온천하가 다 우리의 것이다.

결국 인생이란 땅에서 살다가 하늘에 올라가서 구름처럼 사는 것이 아닌가 하는, 다산의 기독교적인 마음을 이렇게 시로 적어 놓은 것 같습니다.

오늘 봉독한 마태복음 5장 13절에서 16절까지, 그 속의 내용은 세 마디로 "너희는 세상의 빛이다." 또 "너희는 세상의 소금이다." 거기에 하나 더 붙인다면, "너희는 세상의 마을이다." 새 성경에는 '마을'이라고 했지만 옛날 번역으로는 "산 위에 세운 성이다"라고 하였습니다. 여기에서 물론 빛은 밝은 빛이고, 산 위에 세운 성은 나라를 막는 힘이고, 소금은 짠 맛을 말합니다. 그래서 빛과 힘과 맛, 이 세 가지를 우리는 태양과 산 위에 세운 성과 소금으로 생각할 수 있습니다. 세상에서 제일 귀중한 게 있다고 하면 바로 이 빛과 힘과 맛이겠지요. 하나님의 말씀, 그 속에도 빛이 들어 있어야 합니다.

오늘 읽은 교독문 42번, 잠언 3장을 보면 지혜라는 것이 얼마나 아름다운 것인가 하는 지혜에 대한 찬가를 시인이 노래하고 있습니다. 인생에서 제일 필요한 것이 지혜요, 빛입니다. 하나님 말씀 속에는 언제나 지혜가 있고, 빛이 빛나고 있습니다.

우리는 그것을 진리라는 말로도 쓰고 있는데 진리나 지혜나 빛이나 다 같은 말입니다.

또 하나님의 말씀 속에는 힘이 있습니다. 우리 교회가 지금 천백 명이 넘은 것도 하나님의 말씀에 힘입어 오는 것이지, 거저 오는 것이 아니라고 생각합니다. 말에는 힘이 있어서 그 힘에 끌려오고 가는, 그런 것이 있습니다.

그래서 이 하나님의 말씀에는 힘이 있고, 또 맛이 있습니다. 우리 시편 기자가 맛에 대해 쓸 때 꿀맛 같다고 쓰고 있습니다. 말에는 그 맛이 있습니다. 그러니까 우리가 재미를 붙이는 것이지요. 맛이 없으면 아무리 빛이 있고 힘이 있어도 가까이 하기가 참 어렵죠. 그래서 설교도 이 세 가지 조건이 언제나 들어 있어야 됩니다. 김동길 선생님의 설교는 참 재미있는데, 재미가 없으면 도저히 들을 수가 없습니다. 이렇듯 재미라는 것은 참 중요한 것입니다.

또한 설교에는 깊은 뜻이 들어 있어야 합니다. 오늘도 내가 배라고 하는 것은 왜 배라고 말하려는지 그 뜻이 있어야지 뜻 없이 그냥 말해서는 안 됩니다. 그것은 뜻이라고 해도 좋고, 지혜라고 해도 좋고, 진리라고 해도 좋습니다.

그리고 또 말에는 힘이 있어야 한다고 했는데, 이 힘은 믿음에서 나오는 것입니다. 믿음이 없으면 힘이 생기지 않습니다. 믿음이라는 것이 있기 때문에 말에는 힘이 들어가게 됩니다. 그러니까 말씀 속에는 빛과 힘과 맛이 있어야 됩니다.

이와 마찬가지로 인생이라는 것도, 사람이라는 것도 이 세 가지가 있어야 합니다. 사람에게도 빛이 있어야 하며, 힘이 있어야 하며, 맛이 있어야 합니다. 언제나 지혜를 가져야 하며, 실력을 가져야 하며, 개성을 가져야 합니다. 그 사람만이 가지고 있는 독특한 개성, 독특한 힘, 독특한 빛이 있어야 합니다. 우리가 예수님을 좋아하는 것도 예수님 속에는 그런 빛과 힘과 맛이 있기 때문입니다. 이 세 가지가 없으면 우리는 도저히 사람이라고 하기가 어렵습니다. 또 우리가 이렇게 늘 나와서 예배를 드리는 것도 역시 빛이 있는 사람, 힘이 있는 사람, 맛이 있는 사람이 되기 위해서 하는 것입니다.

이것을 한마디로 진·선·미라고 하는데, 진은 곧 빛, 선은 곧 힘, 미는 곧 맛이라고 볼 수 있습니다. 우리에게는 누구나 다 진선미를 그리워하고 진선미 없이는 사는 보람을 느끼지 못하는, 그런 무엇이 있습니다. 이것은 개인에게만 그런 것이 아닙니다. 개인을 확대해서 나라[國家]도 그런 것입니다.

국가에도 역시 빛과 힘과 맛이 있어야 합니다. 이 세 가지가 빠지면 국가라고 할 수가 없습니다. 그래서 퇴계, 율곡과 같은 사람들이 애쓴 것도 바로 이런 것입니다.

율곡은 기발이승氣發理乘이라고 했으며, 퇴계는 이발기발理發氣發이라고 했는데, '기'라고 하는 것은 힘이며, '이'라고 하는 것은 빛입니다. 그 당시는 왕정시대인데, 왕은 지혜를, 백성은 힘을 가져야 되겠다고 생각했습니다. 지혜 없는 왕, 힘없는 백성을 갖고서는 도저히 나라라고 할 수가 없습니다. 그래서 우선 왕이 똑똑해야 되고, 백성이 힘을 가져야 된다고 생각한 사람이 퇴계입니다. 그리고 율곡은 우선 백성이 힘이 있어야 되겠다고 말하고 있습니다. 백성은 힘이 있어야 되고, 거기에 왕은 빛이 있어야 합니다. 힘이 없는데 왕만 빛이 있어서 무얼하나, 라고 생각한 율곡은 조금은 민주적인 사람이죠. 그러니까 옛날 사람들이 나라를 유지하기 위해서는 언제나 빛과 힘이 있어야 된다고 생각했습니다.

그러나 이 빛과 힘만 가지고서는 안 됩니다. 온 백성들이 즐겁게 살 수 있는 맛이 있어야 됩니다. 재미있는 나라가 되어야 합니다. 사람을 지知·정情·의意라고 생각하면 '지'는 빛이요, '정'은 맛이요, '의'는 힘이라고 볼 수 있습니다. 그러니까 사람에게 언제나 지·정·의가 있는 것처럼 나라에도 역시 지·정·의가 있어야 합니다. 그 지·정·의가 없으면 도저히 나라가 되질 않습니다.

요새는 이 지·정·의를 삼권분립이라고 말하고 있습니다. 우선 국회는 나라의 제일 지혜로운 사람들이, 행정부는 제일 재주 있는 사람들이, 사법부는 제일 힘이 있는 사람들이 모였다고 생각할 수 있죠. 그래서 행정부는 언제나 소금처럼 썩지 않아서 누가 보아도 행정부다운 맛을 내야 하겠습니다. 사법부는 힘을 갖고 옳은 것과 옳지 않은 것을 확실히 구분할 수 있어야 합니다. 국회는 중지衆智를 모았다고 할 만한 지혜가 있어야 합니다. 따라서 나라를 유지하기 위해서는 빛이 있어야 하며, 힘과 맛이 있어야 합니다.

'의지'는 배[腹]에 있다고 하여 뱃심이라고 생각하며, '지'는 머리에 있고, '정의'는 가슴에 있다고 생각합니다. 그런데 플라톤은 머리에 지가 있는 것은 확실한데 그때는 싸움하는 때라서 그런지 힘은 가슴, 어깨에다 두었습니다. 그래서 그는 지혜 다음에 용기, 그리고 배에다가는 절제라는 덕을 두었습니다. 절제라고 하는 것도 요새 말로 하면 맛입니다. 조금 자리가 바뀔지 몰라도, 플라톤의 경우를 보면 맨 위에 통치계급, 그다음에 힘을 가진 방위계급, 그리고 맨 아래에 산업계급으로 구분한 것도 빛, 힘, 맛의 세 가지로 생각해 볼 수 있겠습니다.

플라톤의 『국가』에, '배[선船]'라고 하는 이야기가 있습니다. 배에는 선장이 있어야 하며, 기관, 옛날로 말하자면, 노 젓는 사람이 있어야 하고, 그리고 이것을 조화시키는 선원이 있어야 합니다. 선장은 지혜를 가진 사람, 기관을 맡은 사람은 힘을 가진 사람, 선원들은 각기 자기대로 재간을 갖고, 그 생활에 맛을 내는 사람이라고 생각합니다.

그래서 사실은 오늘 이 플라톤 때문에 '배'라는 제목을 붙이게 되었습니다. 그 책에는 여러 가지 이야기가 있는데 한번은 배에서 쿠데타가 일어났습니다. 선원들이 생각하기에 선장은 키만 움직이고 놀고먹는 것 같이 생각되어 선장을 묶어 바다에 던져 버렸습니다. 그러나 그 후 폭풍이 일어 배를 움직이지 못하고 결국 파선하게 되고 말았습니다. 이 선장이라고 하는 사람은 단순한 기술자가 아닙니다. 바다의 내용도 알아야 하고, 날씨도, 하늘의 별도 알아야 합니다. 그는 전체적인 지식을 가진 자이지, 부분적인 지식을 가진 자가 아닙니다. 얼핏 보기에 놀고먹는 자같이 보이지만 그 선장의 임무는 상당히 중요한 것입니다. 따라서 좋은 선장을 가져야지 그렇지 못하면 배가 제대로 갈 수 없습니다.

다음과 같은 얘기도 있습니다. 20여 년 전 콩고가 폭력으로 독립하려 할 때, 이 플라톤의 배 이야기가 많이 인용되었습니다. 지도하는 사람도 없이 어떻게 독립을 할 수 있느냐가 많이 문제되었습니다.

어떤 국가도 이 지도할 사람이 가장 중요합니다. 그래서 플라톤은 지도할 사람이 중요하며, 왕이 철인哲人이 되든지, 철인이 왕이 되어야 한다고 생각했습니다. 왕이 전체적인 것을 모르면 나라를 다스리기가 어렵습니다.

그런데 이 지도하는 사람을 지혜라 하고, 기관을 맡은 사람을 용기·힘이라 하고, 맛있게 하는 선원들을 절제라 해놓고 그는 이렇게 생각해 보았습니다. 물론 지혜와 힘과 맛도 있어야 하지만 이 모든 지혜와 힘과 맛을 지혜답게, 힘 있게, 맛있게 하는, 그 근거가 있어야 된다고 생각했습니다. 그 근거는 바로 정의正義라고 생각하여, 위의 세 가지를 있게 하여 준다고 하였습니다. 이 정의라고 하는 것은 이상 국가입니다. 국가를 국가답게 하는 것이 이상입니다. 이 나라에 이상이 있어야지, 이상이 없으면 나라가 나라 구실을 못하게 된다고 하였습니다. 이것을 소위 '선의 이데아'라고 합니다. 나라에도 이상이 있어야 하며 개인에게도 마찬가지입니다.

요전에 우리가 읽은 산상수훈, 마태복음 5장 3절에서 12절에 보면 여덟 가지 복이 있습니다. 이것을 한마디로 말하면 하늘나라입니다. "마음이 가난한 자는 복이 있나니 천국이 저희 것이요, ……" 마음이 깨끗한 자, 애통하는 자, 온유한 자, 의에 주리고 목마른 자, 화평케 하는 자, 의를 위하여 핍박받는 자, 이것은 모두 하늘나라의 이야기입니다. 거기 보면 땅에서의 이야기 같지만 하늘나라의 땅의 이야기입니다. 그러면 우리가 생각하기에, 하늘나라가 하늘에 있는데 어떻게 땅에 있느냐, 라고 묻겠지만, 하늘에 있다, 땅에 있다, 라는 그런 공간적인 논리가 아닙니다. 하나님의 뜻이 실현된 곳이 곧 하늘나라입니다.

하나님의 뜻이 하늘에서 실현되면 하늘이 곧 하늘나라이고, 땅에서 실현되면 땅이 곧 하늘나라입니다. 그러니까 그 산상수훈 전체가 하늘나라, 즉 하나님 뜻이 이루어진 곳에 대한 이야기입니다.

그러면 하나님 나라를 추상적으로 생각하지 말고, 구체적으로 생각하면, 그것이 예수님입니다. 하나님 나라라고 하는 이 나라를 조그맣게 하면 사람이 되고, 사람을 크게 하면 나라가 됩니다. 하나님 나라를 주먹을 쥐었다고 하면 그것은 예수 그리스도이고, 주먹을 펴면 하나님 나라가 됩니다.

그러면 마음이 가난한 자가 누군가. 예수 그리스도다. 의를 위해 핍박 받은 자가 누구인가. 예수 그리스도. 마음이 깨끗한 자가 누구인가. 예수 그리스도. 화평케 하는 자가 누구인가. 예수 그리스도. 애통하는 자가 누구인가. 예수 그리스도. 자비한 자가 누구인가. 예수 그리스도. 의를 위해 주린 자가 누구인가. 예수 그리스도. 온유한 자가 누구인가. 예수 그리스도. 다 예수 그리스도입니다.

그러니까 공간적으로 말할 때에는 하나님 나라로 가는 것이지만 인간적으로 말할 때는 예수 그리스도가 되는 것입니다. 하나님 나라가 되는 것이 예수 그리스도입니다. 그러니까 예수님은 하나님 나라가 된 사람을 말하는 것입니다. 그러면 이 나라를 나라답게, 사람을 사람답게 하는 것은 누구인가. 하나님입니다.

지금 배라는 것이 있습니다. 그러면 그 배라는 것은 어디로

배[船] 171

간다고 하는 목적지가 있지요. 그 목적지의 멀고 가까운 데에 따라서 배의 준비가 더 지혜롭게도, 더 힘이 있게도, 더 맛있게도 되는 것입니다.

한강에 나가 보면, 된장찌개도 팔고 매운탕도 팔고 하는, 밤낮 매어 둔 배를 볼 수 있습니다. 그것은 목적지가 없는 배입니다. 목적지가 있는 배는 목적지에 도달하기 위해서 엔진도 고칠 것은 고쳐야 하고, 선장도 선원도 모두 좋은 사람을 써야 합니다. 목적지에 따라서 이 배라고 하는 것이 배 구실을 할 수 있게 됩니다. 그 목적지가 없으면 배 구실을 하지 못하게 됩니다. 다르게 말하면 목적지가 없으면 이 지혜와, 이 힘과, 이 맛이 되질 않습니다. 그러면 이 지혜와 용기, 절제를 만들어내는 그 근원은 목적인 것입니다.

그래서 이것을 아리스토텔레스는 힘이란 말 대신에 동력, 지혜 대신에 형상, 맛 대신에 질료質料라는 말을 썼습니다. 이 동력, 형상, 질료는 무엇 때문에 있는가. 그것은 목적 때문에 있습니다. 그러면 목적은 누군가. 바로 하나님입니다. 이것이 아리스토텔레스의 신입니다. 그래서 목적이 없으면 위의 세 가지가 제 구실을 못하게 됩니다. 그러니까 인생에서 가장 중요한 것이 목적입니다. 목적 없는 사람은 사람 구실을 못하게 됩니다.

인간적으로 말하면 나는 무엇이 되겠다고 하는 결의를 가지면 무엇이 되는 것입니다. 결의가 없으면 아무것도 못합니다.

그러면 우리는 무엇이 되겠다고 할 것이냐. 우리는 그리스도가 되겠다고 하는 것입니다. 우리는 크리스천입니다. 크리스천이란 그리스도가 되겠다고 목적한 사람입니다. 그것이 믿음입니다. 믿음은 바라는 것의 실상입니다. 그리고 꼭 믿는 것입니다.

믿는 사람들이 자신도 그리스도처럼 되겠다고 목적을 확실히 정하면 다 되고 맙니다. 왜? 보이지 않는 것의 증거가 있습니까? 보이지 않는 것의 증거는 우리 속에 역사하시는 하나님의 성령입니다. 성령의 역사가 있습니다. 우리가 확실히 나도 그리스도가 되겠다는 목적을 가지면 우리 속의 성령의 역사 때문에 그것이 성취되기 마련입니다.

빌립보서 3장 12, 13, 14절에 보면 바울이 얼마나 그리스도가 되려고 애썼나를 알 수 있습니다. "다만 나는 그것을 붙들려고 달음질칠 뿐입니다. 예수 그리스도께서 나를 붙드신 목적이 바로 이것입니다. 형제 여러분, 나는 그것을 이미 붙들었다고 생각하지 않습니다. 다만 나는 내 뒤에 있는 것을 잊고, 앞에 있는 것만 바라보면서 목표를 향하여 달려갈 뿐입니다."

열심히 예수 그리스도를 붙들겠다는, 그리고 되겠다는 목적의식을 가지고 최선을 다해서 달음질한 사람이 바로 사도 바울입니다. 사도 바울은 하나의 배[선船]라고 할 수 있습니다. 목적을 향해 달리는 배입니다. 우리도 그리스도를 목적으로 할 때, 우리도 한없이 성숙한 사람이 될 수 있습니다.

# 주기도문
1981년 11월 8일

마태복음 6:7~14

　하늘에 계신 우리 아버지, 온 세상이 아버지를 하나님으로 받들게 하시며, 아버지의 나라가 오게 하시며, 아버지의 뜻이 하늘에서와 같이 땅에서도 이루어지게 하소서. 오늘 우리에게 필요한 양식을 주시고, 우리가 우리에게 잘못한 이를 용서하듯이 우리의 잘못을 용서하시고, 우리를 유혹에 빠지지 않게 하시고, 악에서 구하소서.

　오늘의 설교 제목은 우리가 잘 아는 〈주기도문〉입니다. 신약성경이 생기기 전에도 주기도문만은 있었다고 합니다. 바울이 편지를 쓰고, 마가·마태·누가·요한이 복음서를 기술한 것이 훨씬 나중이고, 그전에도 주기도문으로 모든 분들이 기도를 올렸다는 교회의 전설이 있습니다. 아마 신약이 있기 전에 맨 처음으로 우리에게 전승된 것이 주기도문이 아닌가 생각합니다.

요전에 모세의 율법을 비교해서 "살인하지 말라"고 했지만 나는 너희에게 이렇게 말한다. 다른 사람을 미워하면 안 된다. 모세는 "간음하지 말라"고 했지만 나는 너희에게 말하지만 이성을 보고 음욕을 품어도 안 된다. 또 모세는 "도둑질하지 말라"고 했지만 나는 너희에게 말하지만 남의 물건을 탐하면 안 된다. 또 모세는 "사기하지 말라"고 했지만 나는 너희에게 말하지만 거짓말하면 안 된다.

이렇게 해서 예수님의 말씀이 훨씬 더 깊어지고 높아져서 우리로서는 도저히 할 수 없을 정도로 높아졌지만, 우리가 하나님의 힘을 받아서 그것을 실천하면 못할 것이 없게 됩니다. 그래서 예수님께서는 "하나님이 온전하신 것처럼 너희들도 온전하라" 하셨는데 그 말씀을 우리가 "아멘" 하면서 감사하는 마음으로 받아들일 수 있다고 요전에 그런 말을 했습니다.

모세의 십계명 가운데 처음의 세 가지인 "내 앞에 다른 신을 섬기지 말라. 우상을 섬기지 말라. 하나님의 이름을 망령되이 부르지 말라." 그것이 중요한 것이고, 그다음 나중의 네 가지인 "살인하지 말라, 간음하지 말라, 도둑질하지 말라, 사기하지 말라" 그것이 다음입니다. 예수님께서 "어떻게 하면 영생을 얻겠습니까?" 그렇게 물어볼 때, "율법과 십계명에 어떻게 적혀 있느냐?" "하나님을 사랑하고, 이웃을 네 몸같이 사랑함이라고 적혀 있습니다."

영생에 이르는 길로 하나님을 어떻게 사랑하는가에 대해서 세 가지 계명, 그리고 이웃을 어떻게 사랑하는가에 대해서 네 가지 계명이 있습니다. 그러니까 이웃을 사랑하려면 도둑질한다든가, 죽인다든가, 사기를 친다든가, 간음한다든가, 그럴 수는 없는 것이고, 하나님을 사랑한다면서 다른 신을 섬긴다든가, 우상을 섬긴다든가, 하나님을 무시한다든가, 그럴 수는 없겠지요. 그래서 모세는 부정적으로 하지 말라 했고, 예수님은 긍정적으로 하라고 말하는 것입니다. 결국은 예수님의 생각과 모세의 생각이 근본은 같은 겁니다. 예수님도 모세도 영생을 얻기 위해서는 하나님을 사랑하고, 이웃을 네 몸같이 사랑하라는 것입니다. 그래서 그 방법으로 모세는 십계명을, 예수님은 주기도문을 가르쳐 준 것입니다.

그리고 우리가 기도한다면 우리는 뭘 바라는 건가. 우리가 소망하는 것은 어떻게 하면 영생을 얻겠는가. 그것을 바라는 것입니다. 모세는 십계명을 가지고 영생하는 방법을 가르쳐 주셨고, 예수님께서는 기도로 영생하는 방법을 가르쳐 주셨습니다. 제자들이 어떻게 기도하면 되느냐고 물어 봤을 때 너희는 기도를 이렇게 하라 하고 가르쳐 주신 것이 주기도문이지요. 결국은 주기도문의 내용이나 십계명의 내용이나 다 같은 것입니다.

그러니까 하나님의 이름을 망령되이 부르지 말라. 모세는 그렇게 말했지만 예수님께서는 하나님의 이름을 거룩하게 하라. 뒤집어서 적극적으로 말하는 거지요. 그리고 내 앞에 다른 신을 섬기지 말라. 그렇게 말했지만 하나님의 나라가 임하옵소서처럼 적극적으로 말하고, 우상을 섬기지 말라에 대해서 하늘의 뜻이 땅 위에도 이루어지이다 하고 가르쳐 주시는 것이지요. 그러니까 주기도문이나 십계명이 똑같은 말인데 십계명은 부정적으로 표시되어 있고, 주기도문은 긍정적으로 표현되어 있습니다.

도적질하지 말라에 대해서 일용할 양식만 달라고 하라. 살인하지 말라에 대해서 악에 빠지지 말라 하라. 간음하지 말라에 대해서 시험에 들지 말라. 사기치지 말라에 대해서 너희들도 거짓말하지 말라. 그리고 남이 거짓말했다고 해서 야단치지 말라. 너희들도 계속 거짓말을 하고 있지 않느냐. 너희는 거짓말한 것을 하나님께 사과하여야 한다. 그런 내용입니다. 그러니까 가만히 생각해 보면 모세가 유태민족에게 대해서 어떻게 하면 영생을 얻는가 하는 방법을 가르쳐 준거나, 예수님께서 온 인류를 향해서 어떻게 하면 영생을 얻는가 하는 방법을 가르쳐 준 것이나 같다고 볼 수 있습니다.

그래서 우선 십계명부터 생각해보고, 이 십계명을 알면 또 주기도문을 알 수가 있습니다. 십계명에 "내 앞에 다른 신을 섬기지 말라"고 한 것은 유일신 사상이라고 말할 수 있습니다. 새로운 공동 번역에는 '하느님'으로 되어 있는데, 어릴 때부터 '하나님'으로 불러왔고, 또 기독교의 가장 중요한 사상인 동시에 믿음입니다. 하나님은 한 분밖에 안 계신다는 것이 가장 핵심적인 것입니다.

그런데 "내 앞에 다른 신을 섬기지 말라" 그러면 다른 신들도 있는 것이 아닌가, 라고 말할 사람도 있을 겁니다. 그러나 이 성경에서 말하는 하나님이라는 분은 그 성격이 독특한데, 우주를 창조했다는 성격을 가지고 있습니다. 그러니까 우주를 창조한 분은 한 분밖에 없지 않느냐. 그러니 하나님이지, 만일 우주를 창조하지 않았다면 하나님이 될 이치가 없습니다. 하나님이란 말을 다른 말로 하면 우주를 창조하신 분이라는 뜻입니다.

이 세상에는 하나님·사람·만물, 이 세 가지밖에 없다고 생각합니다. 그것을 요새 철학적인 술어로 '존재와 현존재와 존재자' 이렇게 표현합니다. 그러니까 존재는 있는 자, 하나님, 현존재는 하나님의 영광을 드러내는 사람, 존재자는 하나님께서 지으신 만물, 기독교에서는 모든 피조물은 하나님께서 지었다고 생각합니다. 산, 그럴 때 산은 뭔가. 이건 하나님의 피조물이다. 그래서 하나님께서 이것을 너희가 관리해라. 그래서는 자연을 개발하고, 관리도 하는 것입니다.

그런데 이 세상에는 옛날부터 자연숭배라는 것이 오랫동안 계속되어 왔습니다. 산, 그러면 그냥 산이라고 하지 않고 산신이라고 하고, 물도 그냥 물이 아니라 물신, 태양은 태양신, 달은 월신, 그래서 일본사람들은 언제나 아침에 해 뜰 때에 해를 보고 절합니다. 왜 절하나 하면 태양신이니까. 어떤 사람은 또 달 보고 절하고, 산에 가면 산에다가 절하고, 그런데 제일 높은 분은 하나님이고, 그다음이 하나님보다 낮은 계층의 사람이고, 그리고 만물은 다 사람보다 낮아요. 1등은 하나님이고, 2등은 사람이고, 3등은 만물이에요. 그러니까 사람으로서 자기보다 낮은 만물에게 절하면 안 되겠지요. 하나님의 말씀이 너희는 일체 산신, 물신, 나무신, 그런 것을 섬기지 말라. 내 앞에 다른 신을 섬기지 말라는 말은 자연숭배에 대한 금지입니다.

그런데 구약시대에 제일 많이 싸운 것이 자연숭배와의 싸움이었고, 신약시대에 제일 많이 싸운 것은 인간숭배와의 싸움이었습니다. 구약은 자연숭배를 집어 치우고 하나님을 섬기라는 것이고, 신약은 인간숭배를 집어 치우고 하나님을 섬겨야 된다는 거지요. 당연한 것입니다. 사람보다 높은 것은 하나님밖에 없는데, 사람은 인간을 숭배하려고 하고, 또 인간보다 낮은 자연을 숭배하려고 하니까, 하나님이 보시기에 얼마나 답답하겠습니까. 너희는 2등 짜리인데 왜 자꾸 3등 짜리에게 절하려고 하고, 2등에게 절하려고 하느냐. 너희가 절할 곳은 꼭 1등뿐이지 2등과 3등에게는 절대 절하면 안 된다는 것입니다.

신약 시대에 와서 로마 시대의 인간숭배라는 것이 굉장히 강

했지요. 예수님 당시의 로마의 왕 옥타비아누스는 8월달에 태어났는데 8월이란 것을 아우구스투스라고 해서 존엄이라는 거지요. 옥타비아누스가 신이다. 그러니까 누구나 절하는 거지요. 예배를 드려라. 성경에도 가이사에게 세금을 바쳐라. 왜 바치는가 하면 가이사를 숭배하는 뜻에서 바치라는 것이지요. 왜? 가이사가 신이니까. 성경의 묵시록에도 보면 여러 가지 말이 있지만 우리는 로마 황제에게 절할 수 없다. 우리가 절할 수 있는 것은 하나님뿐이다. 그것 때문에 예수 믿는 사람들이 얼마나 많이 박해를 받았습니까. 로마 황제는 사람이지 신이 아니다. 그리고 우리나라 제정 시대 때도 일본천황 그러면 신이다 그래서 우리더러 얼마나 절하라고 했습니까. 이런 쓰라린 역사를 얼마나 겪어 왔습니까.

　그리고 구약 시대에는 달, 해, 산을 보고 절하며 섬기는 자연숭배자들이 많았습니다. 그런데 우리 기독교의 전통은 자연과 사람에게 절하지 말라는 것입니다. 그래서 기독교의 전통에 사는 서양 사람들은 자연뿐 아니라 사람보고도 절하지를 않아요. 절하는 것은 배우나 가수나 이런 사람들이나 절하지 보통 사람들은 절 안합니다. 안녕하십니까 하고 손을 흔들든가, 말로 하든가 하고 말지요. 미국에 가 보니까 나는 누가 소개하면 일어서서 절을 했는데 그 사람들은 소개해도 뻣뻣이 서 있지 절하는 법이 없습니다. 우리는 자꾸 존댓말을 쓰는데 그 사람들은 존댓말이 없습니다. 말의 고하도 없고, 절하는 것도 없습니다.

　인간은 인간에게 절대 절할 수 없으며, 인간은 자연보고 절할 수 없고, 인간이 절할 수 있는 것은 꼭 하나님뿐입니다. 그것이 간단한 것인데 실지로는 잘 안 된다는 것이지요. 산에 가면 또 절하게 되고, 절에 가면 또 절하게 되고, 가장 간단한 진리이지만 이것이 현실에 있어서는 상당히 어렵다는 것이지요. 그래서 구약 시대에 계속해서 박해를 받았고, 신약 시대에 얼마나 오랫동안 박해를 받았는지 모릅니다.

　그다음에 "우상을 섬기면 안 된다." 우상이란 것이 어떻게 생겼는지 확실하지는 않지만 대개 우리가 생각해 보면 어느 민족이든지 그 민족을 지켜준다는 수호신이란 것이 있어서, 사자가 자기의 부락을 지켜 준다고 해서 사자의 형상을 만들어서 갖다 놓고 절하고, 또 여우가 지켜준다고 생각하면 여우한테 절하지요. 그것을 토템이라고 합니다. 결국 자기를 지켜준다는 수호신 사상 때문에 자꾸 만들어 놓는 것 같아요.

　우리도 해인사에 팔만대장경을 만들어 놓고, 부처님이 우리를 지켜준다는 거였지요. 그러나 그 지켜준다는 수호신 때문에 지켜졌습니까. 아무것도 한 것이 없지요.

　로마가 망하게 될 때가 어거스틴 시대인데, 기독교가 국교가 되어서 로마가 망하게 되었으니 기독교의 신은 수호신의 노릇을 못하는 것이 아닌가. 우리는 다시 로마의 신을 섬겨야겠다

주기도문　181

고 하였을 때 어거스틴이 이런 말을 했습니다. "수호신이란 무엇인가. 수호신이 있으면 제대로 수호하는 것인가. 우리 기독교에는 수호신이란 생각이 없다. 신이 우리를 지켜주는 것이 아니라 우리가 신의 것이 되는 것뿐이다." 그러니까 수호신 사상이란 마치 수위처럼 생각하는 것이지요. 신들을 집의 경호원처럼 생각하고 지켜 달라. 그래서 지켜주면 밥도 잘 먹여 주고, 월급도 많이 주고, 돈도 많이 바치고, 그래서 우상이란 것이 자꾸 나오는 거지요. 그런데 수호신이란 것이 뭐합니까. 아무것도 하는 것이 없지요.

어거스틴은 우리가 하나님의 것이 되는 거지, 하나님이 우리 것이 아니다. 그것이 신앙입니다. 우리가 죽어도 그리스도요, 살아도 그리스도요, 그것이 신앙이지, 복 빌어 주세요, 나 잘 살게 해 주세요. 하나님이 나 잘 살게 해 주는 분인가요? 하나님이 날 위해 있는 분인가요? 그것이 아니지요. 우리는 하나님의 것입니다. 하나님의 것이 되는 그곳에 하나님의 나라는 있습니다. 하나님의 통치가 이루어진 곳, 그곳이 하나님의 나라입니다.

그래서 예수님께서는 수호신이 아니라 하나님의 나라가 임하도록 기도하라고 한 것입니다. 하나님의 나라가 무엇입니까. "우리가 하나님의 것이다" 이것입니다. 하나님이 우리 것이 아니라 우리가 하나님의 것이라는 말입니다. 우리가 할 것이 있다면 다만 하나님의 뜻을 이루는 것뿐입니다. 뜻이 하늘에서 이루어진 것같이, 땅에 사는 우리가 하나님의 뜻을 땅 위에 이루어 가는 것뿐입니다.

하나님의 나라에는 왕이 한 분밖에 없습니다. 그것이 유일신 하나님입니다. 우주를 창조하시고, 인류를 섭리하시는 하나님, 그 한 분밖에 왕은 없습니다. 모세는 자연숭배를 생각하고 하나님 외에 다른 신을 섬기지 말라고 했지만, 예수님께서는 하나님의 나라를 선포하신 분이니까 자연숭배니 우상숭배니 하는 문제가 아니고, "하나님 나라의 왕은 하나님뿐이고, 우리들은 다 하나님께 속한 백성이며, 우리가 할 일은 하나님의 뜻을 실현하는 것이다"라는 것이 곧 주기도문의 말씀입니다.

모세의 말이 좀 원시적이고 정치적인데 비하여, 예수님의 말씀은 현대적이고 종교적이라고 할 수 있습니다.

하나님 나라의 왕이신 하나님께 대해서 백성인 우리들의 태도는 왕에게 대하여 호산나 만세를 부르고, 하나님의 이름을 찬양해야 하고 또 하나님의 이름을 망령되게 부를 수도 없지요. 망령되이 부를 수 없는 것은 말할 것도 없고, 하나님의 이름을 거룩하게 높여야지요. 거룩하게 높이려면 어떻게 해야 되나. 내가 거룩하게 되어야지요. 내가 성숙하게 되어야지요. 내가 거룩하지 못하면 하나님의 이름도 거룩해지지를 않지요. 왜? 우리가 하나님의 아들들이니까. 아들이 잘나면 아버지는 저절로 잘나지고 아들이 못나면 아버지는 저절로 못나지는 것이지요. 그러니까 하나님의 이름을 거룩하게 하라는 말은 우리가 거룩하라는 말이지요. 레위기 19장 2절에 보면, 하나님께서 당신의 자손들에게 "너희들은 거룩하라. 나 여호와 하나님이 거룩함이니라"고 하셨습니다.

쉽게 말하면, 하나님이 창조주시니 너희도 창조적 지성이 되라는 말입니다. 하나님께서 사람을 흙으로 지으시고, 그 속에 하나님의 영을 불어 넣어주셨다 하였으니까 우리들은 하나님의 영을 가지고 있다고 해도 되고, 하나님의 형상대로 우리를 만들었다 하였으니 하나님의 형상을 가지고 있다고 해도 되는데, 그 가운데서 제일 중요한 것이 하나님이 우주를 창조하는 하나님이니까 우리도 기구를 창조하고, 문명을 창조하고, 문화를 창조하는 '창조적 지성'이 되는 것이 제일 중요합니다. 하나님의 백성이란 '창조적 지성'이라야 합니다. 그러니까 문명과 문화를 창조하는 사람들이 진짜 하나님의 백성들입니다.

그러니까 기도한다는 것은 하나님께 무엇을 달라고 비는 것이 아니라 하나님의 성령을 받아가지고 창조하는 것, 연구하는 것, 생각하는 것, 작품하는 것, 창작하는 것, 그것이 기도라고 할 수 있습니다. 항상 기도하라는 말은 항상 창작하라는 말입니다. 문화와 문명의 선구자, 그것이 크리스천이라고 할 수 있습니다. 그러기 위해서는 돈 버느라고 그럴 시간이 없지요. 밥 먹을 것이나 있으면 열심으로 연구해야 합니다. 그러니까 일용할 양식으로 족하지 그 이상 많은 것이 필요하지 않습니다. 그래서 "일용할 양식을 주옵소서" 하고 기도한 것 같습니다.

그리고 연구하고 창작하기 위해서는 다른 사람과 싸울 시간도 없지요. 다른 사람이 무엇이라고 하든 다 용서해주고 상대할 것 없이 내 길을 가야겠지요. 다만 태만이나 교만에 빠지지 말도록 조심해야 합니다. 그것이 "시험에 들지 말라"는 것일 겁니다.

그렇게 연구하고 창작해서 무엇에 쓰자는 건가. 모두 인류의 복지를 위해서 써져야겠지요. 과학적인 발명과 철학적인 예술이 모두 인류의 복지를 위해서 써져야지, 그것이 사람을 죽이고, 남의 것을 도적질하고, 남을 괴롭히고, 남을 속이는, 그런 것에 써지면 안 되겠지요. 그래서 악에 떨어지지 않게 해 달라고 기도하는 것입니다.

그래서 오로지 하나님 나라와 하나님의 주권과 하나님의 영광만이 찬연히 빛날 수 있어야 될 줄로 압니다. 그것이 진짜 그렇게 되도록 노력하는 것, 그것이 '아멘' 이라는 말입니다. 아무 노력도 하지 않고 아멘 하면 무엇합니까. 주기도문은 한마디로 하나님의 아들이 어떤 것인가를 가르쳐 주는 말씀이라고 볼 수 있습니다. 그리고 우리들의 소원이 있다면 아들이 되는 것, 하나님의 아들답게 되는 것, 그것이 기도입니다.

기도는 말로 할 수도 있지만 뜻으로 하는 것이 더 좋습니다.

뜻이 하늘에서 이룬 것처럼 땅에서도 이루기 위해서는 뜻으로 기도를 해야 합니다. 뜻으로 기도하는 것보다 더 좋은 것은 몸으로 기도하는 것이 더 중요합니다. 내 몸을 바쳐서, 내 몸으로 하나님 뜻을 체득해 가는 것입니다. 그래서 내 몸이 하나님의 뜻을 이루는 도구가 되는 것입니다. 그것이 말씀이 육신이 되는 것이 아니겠습니까.

입으로 하는 기도가 아니라 뜻으로, 뜻으로 하는 기도가 아니라 몸으로 하는 기도, 이것이 로마서 12장 1절에 바울 선생이 "몸으로 산 제사를 드리라"는 것이겠지요. 우리가 세상에 태어난 것은 몸으로 산 제사를 드리기 위해서 태어났습니다.

그러니까 거룩한 것이 있다면 몸이 거룩해야 됩니다. 몸이 음란에도 빠지지 말고, 몸이 탐욕에도 빠지지 말고, 몸이 살인에도 빠지지 말고, 몸이 거룩하여 하나님의 이름을 거룩하게 하는 것입니다.

동양식으로는 수신위본 修身爲本 즉 몸을 깨끗하게 하는 것이 크리스천의 가장 중요한 것입니다. 그래서 우리들의 행실을 보고 하나님께 영광을 돌리는 것, 이것이 하나님의 이름을 거룩하게 하는 것이라고 생각합니다.

## 제 3 부
1982년 설교

이 교회라는 곳은
남을 생각하는 곳이지
나라고 하는 것은 없는 곳입니다.
내가 없어지는 곳이 교회입니다.
내가 없어지는 것은
큰 나가 되기 위해서입니다.

# 요한 웨슬리

1982년 8월 22일

요한 1서 4:16~21

우리는 하나님께서 우리에게 베푸시는 사랑을 알고 또 믿습니다. 하나님은 사랑이십니다. 사랑 안에 있는 사람은 하나님 안에 있으며, 하나님께서는 그 사람 안에 계십니다.

세 사람을 뽑아서 생각을 해보겠습니다. 한 사람은 서양 고대 최대의 철학자로서 기독교로 개종한 어거스틴이고, 그다음에는 구교를 이기고 신교를 시작한 마르틴 루터이고, 그다음은 사회의 불안을 극복한 요한 웨슬리입니다.

웨슬리의 성경 구절은 요한 1서 4장 16절에서 21절인데 그 가운데서 제일 중요한 것이 18절로 한마디로 말하면 "사랑에는 두려움이 없다. 사랑에는 공포가 없다"입니다. 그것을 한문으로는 무유공포無有恐怖라고 말합니다. 동양에서 무유공포를 아주 짜임새 있게 쓴 것이 불교의 『마하반야바라밀다심경摩訶般若波羅密多心經』입니다. 불교도들은 그것을 '반야심경'이라 하여 우리들이 주기도문을 외우듯이 외웁니다. 그 『마하반야바라밀다심경』의 핵심이 무유공포라는 것입니다.

어거스틴은 철학자였으므로 생각을 많이 한 사람이며 지적인 사람입니다. 그 사람의 신앙의 핵심은 진리 탐구입니다. 루터라는 분은 신교를 시작하기 위해서 가장 세력이 컸던 가톨릭과 싸워 이겨야 했기 때문에 루터에게 가장 필요한 것은 힘이었습니다. 루터는 지적인 사람이 아니라 의지적인 사람이었습니다. 루터는 의지를 한마디로 '믿음'이라 표현했습니다.

또 오늘 말하려는 요한 웨슬리는 정적인 사람입니다. 그래서 지적인 어거스틴, 의지적인 루터, 정적인 웨슬리, 이 세 인물이 우리 신앙생활에 가장 가르치는 바가 있는 사람들입니다.

우리 사람들은 암만 해도 머리라고 하는 지적인 것과, 배라고 하는 의지적인 것과, 가슴이라고 하는 감정적인 것을 가지고 있습니다. 사람의 정신은 지知·정情·의意라는 것으로밖에 생각할 수가 없습니다. 우리가 삼위일체라고 할 때에 하나님이라고 하면 의적인 내용, 성령하면 지적인 내용, 그리스도 하면 정적인 내용이라고 할 수 있습니다. 그러니까 정적인 문제라고 하는 것은 결국은 인간 성숙과정에서 맨 마지막에 오는 것이라고 할 수 있습니다.

사람들이 누구나 맨 처음 찾아가는 것은 지적인 것입니다. 특별히 대학생으로서 진리 탐구를 목적하지 않는 사람은 없을 것입니다. 그리고 이 지적인 문제가 해결되면 보통 진리를 깨닫는다고 하는데, 이 문제가 해결되면 자연 행적인 실천으로 들어가지 않을 수 없습니다. 그렇게 되면 자연 의지라는 것이 상당히 중요해집니다. 그리고 의지적인 문제가 해결이 되면 그다음엔 정적인 완성을 기하지 않을 수 없습니다. 그래서 우리가 대개 지행일치知行一致라는 말을 쓰는데 그래서 지로 시작해서 행을 거쳐 정으로 가게 됩니다. 세계 모든 종교들이 이상으로 생각하는 것이 정적인 완성입니다.

그래서 독일의 작가 쉴러는 "진리보다는 진실을"이라고 말했는데, "진실보다도 진정을" 이것은 공자의 말이지만 누구도 그렇게 말하지 않을 수 없습니다. 공자의 이상은 인仁이라고 했는데 어질 인仁은 진정이라는 말입니다.

우리 기독교에서도 사랑이 궁극 이상으로 되어 있습니다. "사랑은 곧 하나님이다"는 말까지 요한 1서에 나와 있습니다. 사랑이라는 말이 물론 외적으로 나아갈 때 사람을 사랑한다는 그런 말이 되지만, 내적으로 표현될 때는 인격의 성숙, 더 쉽게 말하면 인격의 통일, 정신의 통일이라 말할 수 있습니다.

사랑에는 두려움이 없다. 그 말은 무엇이냐 하면 정신이 분열되면 자꾸 두려움이 생깁니다. 두려움까지 가지는 않더라도, 무엇인지는 몰라도 불안감을 쉽게 갖게 됩니다. 세상에는 여러분이나 나나 다 분열 안 된 사람이 없습니다. 그래서 요즘 안정제를 먹게 되고 환각제까지 먹지 않습니까. 가수 같은 사람들이 남의 앞에 나서려면 자꾸 떨리고 무섭고 불안해서 안정제나 환각제를 먹지 않으면 나갈 수 없는, 그런 상황을 우리는 현실에서 많이 보게 됩니다.

불안, 공포, 불신, 서로 믿지 못하는 것, 심지어 자기 부모도 믿지 못하고, 형제도 믿지 못합니다. 그런데 믿지 못하는 것이 상대방이 모자라서 믿지 못하는 게 아닙니다. 자기 속에 정신이 통일되지 않아서 믿지 못하게 되는 것입니다. 믿음이란 정신이 통일되는 것이고, 사랑이라고 하는 것도 정신이 통일 되는 것이고, 지혜라고 하는 것도 정신이 통일되는 것입니다. 그중에서 가장 어려운 문제가 정적인 통일입니다.

그래서 역사적인 것으로 따져 보자면 '지적인 통일'의 어거스틴은 "내적인 빛"이라는 말을 씁니다. 그리고 '의지적인 통일'의 루터는 "그리스도인의 자유"라는 말을 씁니다. 그리고 '정적인 통일'의 요한 웨슬리는 "그리스도인의 완전"이라는 말을 씁니다. 그러니까 완전, 온전이라는 것이 마지막입니다. 지행일치知行一致에서 일一에 해당합니다.

일一은 정서의 통일, 이것은 영국 사람들에게 특별히 해결을 기대할 수 있으리 만큼 그 사람들은 정서 통일의 문제에 굉장히 많은 노력을 했습니다.

유럽 대륙의 철학을 합리론, 영국이나 미국의 철학을 경험론이라고 하는데, 정적인 통일을 목표로 하는 것을 경험론이라 합니다. 그래서 경험철학에서는 로크(John Locke), 흄(David Hume)이 경험철학의 대가들인데 다 영국 사람입니다. 그 당시인 1700년대에 나온 사람이 요한 웨슬리입니다.

요한 웨슬리의 시대는 소위 산업혁명이 일어난 때라서, 말하자면 자본가들이 많이 생기는 대신에 상대적으로 일반 백성들이 한없이 가난해졌습니다. 그러니까 빈익빈 부익부貧益貧 富益富의 극한적 대립을 보이는 때가 1750년대라고 할 수 있습니다. 요새도 세계적으로 극단적의 대립을 보이고 있지 않습니까. 자본주의, 공산주의 식으로 대립되어 있습니다. 20세기야말로 분열의 시대, 불안의 시대, 공포의 시대입니다.

공포란 대립이 되어 있으니까 생깁니다. 통일이 되면 공포가 생길 이치가 없지요. 오늘 아침에 텔레비전을 보니까 북한의 공군력이 무척 크다는 것을 보여 줍디다. 그러니까 순식간에 공군력을 가지고 밀고 내려오고 미사일을 쏘면 서울은 순식간에 불바다가 될지 모르지요. 이렇게 대립하고 있는 상태는 언제나 불안한 상태입니다. 공포의 상태입니다.

그러니까 빈부의 차라는 것, 부자들이 자꾸 가시철망까지 치고 또 전기까지 통하게 하면서 개를 갖다 두는 이유는 다 공포 때문에 그러는 거지요. 언제 누가 들어와서 어떻게 할지 모르는 그런 세계, 그러니까 분열이라는 것은 자연히 우리에게 불안을 가져다주는 것이지요. 외적으로나 내적으로나 다 공연히 불안한 사람들, 그런 사람들도 요새 우리 주변에서 많이 봅니다. 사회적인 대립도 가장 큰 이유입니다. 사회적인 대립 때문에 우리 정신력에도 분열이 오게 되는 것입니다.

요한 웨슬리의 시대가 분열의 시대입니다. 그러니 그 분열의 시대 속에서 교회도 또 분열되지 않을 수가 없었어요. 그때 영국 교회는 높은 교회와 낮은 교회로 딱 갈려졌어요. 높은 교회는 국교라고 하는데 High Church, 영국 국교입니다. 거기서는 대통령이 취임할 때나 왕이 대관식을 할 때 나가서 축복해 주는 소위 형식주의입니다. 성경을 말해도 지적인 것이 많았습니다. 소위 말하는 냉랭한 교회, 우리 대학교회도 자칫하면 냉랭한 교회라는 말을 듣기가 쉬운데, 감리교회라는 것은 그런 것이 아닙니다. 높은 교회, 귀족들이나 상층계급들이 모이는 사교장 같은 교회가 하나 있었고, 그다음에는 밑의 교회, 대개 신비주의, 현실적으로 복을 바라는 사람들, 요새 말하면 순복음교회니 무슨 교회니 하는, 밤낮 성령을 받았다고 하는, 그런 파들로 쫙 갈라졌습니다.

이 교회 사람은 저 교회에 갈 수 없고, 저 교회 사람은 이 교회에 올 수 없는, 그런 대립 상태에 있었습니다. 이 두 교회를 통일시키는 것이 감리교회입니다.

물론 웨슬리도 본래 속하기는 높은 데 속했습니다. 그런데 높은 데 속해 보면 아는 것도 많고 사교도 되긴 하지만 믿는다는 기분이 들지 않습니다. 더 쉽게 말하면 힘이 없습니다. 그런데 신비주의 교회 쪽에 가면 굉장한 힘을 가지고 있습니다. 밤을 새워가면서 떠드는 것을 보면 굉장한 힘을 가지고 있습니다. 그 사람들은 힘을 가지고 있는 대신에 눈이 멀어 있습니다. 빛이 없습니다. 광신, 하나의 정열뿐입니다.

그런데 세상에는, 눈먼 사람인데 힘이 있는 사람이 있고, 또 하나는 눈은 밝은데 힘이 없는 사람이 있고, 쉽게 말하면 앉은뱅이와 장님입니다. 아는 것은 많은데 아무 하는 일이 없는 소위 영국의 높은 교회입니다. 전도도 않고 그저 모여서 예배가 끝나면 점심 먹는 게 일쑤입니다. 그런데 광신은 힘은 있는데 방향을 잘못 택한 것입니다. 보이지 않으니까 인생이 무엇인지를 알 수가 없는 것입니다.

그러니까 이런 소위 빛과 힘, 이런 것이 통일된 상태, 이것이 우리의 이상적인 상태입니다. 알기도 하고 힘도 있으려면 반드시 감정적인 통일이 필요합니다. 이 정적인 통일이 없으면 진리는 진리대로 달아나고, 진실은 진실대로 야단치고, 이것이 진정이라는 감정적인 통일이 없으면 완전해지질 않습니다. 그런데 그 작업을 해 준 사람이 요한 웨슬리입니다.

요한 웨슬리는 처음에는 지적인 사람이었습니다. 어학語學도 열 가지를 하는 사람이었습니다. 그 사람은 옥스퍼드대학에서 26세에 조교수가 되어 철학과 논리학을 가르친 사람입니다. 상당히 지적인 사람이지요. 그런데 아무리 믿으려고 해도 힘이 안 생깁니다. 그래서 결국 이 사람이 찾아간 곳이 신비주의입니다.

신비주의, 그 당시 최고의 신비주의를 가진 사람이 모라비안 족인데, 이들은 독일 사람으로 보헤미안 사람들입니다. 보헤미아에 진젠도르프(Nicholas L. von Zinzendorf)라는 백작이 살았는데 자기 영내에서 일어난 신비주의를 이 사람이 아주 두둔해서 길러 주었습니다. 그래서 세계 기독교 역사상 선교사를 가장 많이 보낸 사람이 이 모라비아 사람들입니다. 이 사람들은 세계 전도에 가장 열을 올렸던 사람들입니다. 이 사람들이 영국, 미국, 온 세계에 선교를 한 것입니다. 영국의 멘른이라고 하는 곳에 와서 살았기 때문에 영국 사람들이 그 사람들을 모라비안이라 합니다.

이 신비주의의 특징은 공포가 없는 것입니다. 이 사람들은 의지적인 사람들입니다. 강한 사람들입니다. 이 사람들에게는 무서운 것이 없습니다. 신비주의 속에는 공포가 없고 두려움이 없습니다.

웨슬리가 아메리칸 인디언에게 전도하기 위해서 선교사로

영국에서 미국으로 가다가 배 속에서 풍랑을 만났습니다. 파선 破船되려고 하자 모든 사람이 죽는다고 비명을 지르고 야단을 치는데, 단 한 곳에서 조용하게 성경을 읽고 찬송을 하면서 예배 보는 사람들이 있었습니다. 가까이 가서 그 출신을 물어보니까 독일에 있는 모라비아 사람들이었습니다. 보헤미아 사람들이지요. 보헤미아의 헤른후트(Herrnhut)에서 살았기 때문에 괴테가 헤른후트의 이 사람들의 생활을 적어서 『아름다운 혼』이라는 책을 냈습니다. 이 사람들은 독일 사람에게 많은 영향을 끼쳤습니다. 그 사람들을 만나서 웨슬리는 처음으로 세상에서 공포 없는 사람이 있다는 것을 알았습니다.

웨슬리도 얼마나 노력한 사람인지 모릅니다. 대학 시절에 Holy Club을 만들어서 성경 연구도 하고, 나가서 전도도 하고, 형무소에도 찾아가고 별일을 다 했습니다. 그런데 이 사람 속에는 도무지 불안과 공포와 불신이 떠나지 않습니다. 그것이 웨슬리의 솔직한 심정이었습니다. 자신은 아메리카 인디언에게 전도를 하려 하면서, 남에게는 예수 믿으라고 하면서, 자기는 예수를 믿지 못하는 것입니다.

목사 가운데도 그런 사람 많습니다. 현실적인 사실입니다. 자기 속이 이중 구조를 가집니다. 남한테는 믿으라고 하면서, 자기는 믿지 못하는, 허위 속에서 살고 있습니다. 그것을 해결하기 위해서 웨슬리는 결국은 이 모라비아 사람들에게 접근해 갑니다. 유명한 토마스 아 켐피스(Thomas a Kempis)의 『그리스도를 본받고』라든가, 『테온로기아 게르마니카』라는 신비주의 책을 읽게 됩니다. 또는 윌리엄 로이의 『거룩한 생활』이라는 신비주의 책을 많이 읽고, 신비주의의 지도자, 스팽겐베르크(Augustus G. Spangenberg)를 자기의 스승으로 삼고, 그 사람의 지도를 받으며, 그 사람들의 사는 삶을 자기도 따라가게 됩니다.

그가 스팽겐베르크를 만났을 때 스팽겐베르크가 세 가지 질문을 하는데, 그 세 가지가 참 재미있습니다. "네가 하나님을 아느냐? 하나님을 믿느냐?" "압니다." "하나님이 누군가?" "하나님은 하늘에 계신 아버지입니다." "하늘에 계신 아버지라는 것을 모르는 사람이 어디 있느냐? 정말 알아야 될 것은 네가 하나님의 아들이라는 것을 알아야 되지 않느냐?"

그런 말도 참 중요한 말입니다. 더 쉽게 말하면 우리가 하나님을 믿는 것이 중요한 것이 아니라 하나님이 나를 믿는 것이 중요하지 않느냐, 그런 말입니다. 하나님이 나를 믿는 것은 웨슬리의 말을 빌리자면 '의인義認'이라고 합니다. 하나님이 나를 의롭다고 인정한다는 것이 중요합니다. 요한 웨슬리의 신학을 세 가지로 나누는데 의인이 첫째입니다.

둘째 문제가 "네가 그리스도를 아는가?" 요한 웨슬리의 대답이 "예, 그리스도는 인류의 구주입니다." "이놈아, 인류의 구주라는 것을 누가 모르느냐. 그리스도가 네 구주가 되어야지, 인류의 구주가 되면 뭐 하느냐." 그리스도가 네 구주라는, 성령의 확증을 받았느냐. 웨슬리의 말을 빌리자면 '확증'이라는 말, 증거라는 말이 웨슬리 신학에서 두 번째로 중요한 것입니다.

셋째 질문은 "네가 누구냐? 넌 너 자신을 아느냐?" 그때 요한 웨슬리가 대답하기를 "내가 누구겠느냐. 내가 사람이지." "이놈아, 네가 사람이라는 것을 누가 모르느냐. 네가 신이라는 것을 네가 알아야 될 것이 아니냐." 네가 신이라는 것을 알아야 그것이 '기독자의 완전'이라는 것입니다. "하나님이 온전한 것처럼 너희도 온전해라"라는 말이 마태복음 5장 마지막 절에 있습니다.

기독교에서는 신이라는 말을 함부로 쓰지 않기 때문에 신이라는 말 대신에 사랑이라는 말로 바꿉니다. 대학교회에서 설교집을 낼 때 『사람 삶 사랑』이라고 제목을 붙였습니다. 사람이라는 것은 인人이라는 것이고, 삶이라는 것은 생生이라는 것이고, 사랑이라는 것은 어질 인仁 자입니다. 사랑이라는 것은 인간의 완성, 즉 자기 속의 신성을 다시 회복하는 것입니다. 그래서 키에르케고르의 『죽음에 이르는 병』에서는, 맨 처음에 "나는 누군가. 나는 정신이다"라는 말을 하게 되는 것입니다.

그런 식으로 모라비아 사람들에게 자꾸 접근해가다가 1738년 5월 24일 오후 8시 45분, 결국 분열되었던 두 마음이 통일

되는, 그런 순간을 갖게 됩니다. 지적인 것과 의지적인 것, 학자와 신비주의가 부딪쳐서 정적인 통일을 이루게 됩니다. 그때 웨슬리는 자기 가슴 속에 "뜨거움을 느꼈다"는 말을 썼습니다. 뜨거움을 느꼈다는 것을 보통 우리는 종교적인 경험이라고 하는데, 분열되었던 자아가 통일되는 순간을 의미합니다. 뜨거움을 느꼈다는 것은 진정眞情이 되는 것이며, 정적인 통일을 이룩한 것입니다.

그래서 감리교의 시작이 1738년 5월 24일 오후 8시 45분이 되었습니다. 그때 그날 저녁 예배시간에 로마서 1장 16절에서 17절을 강해하는 루터의 말씀 중에서, "하나님은 그리스도를 믿는 믿음을 통해서 사람들의 마음에 역사하신다"는 그 말을 듣는 순간, 요한 웨슬리의 가슴이 뜨거워졌습니다. 뜨거워진다는 경험, 이런 경험을 영국이나 미국의 철학에서는 근본적 경험이라고 하는데, 사람이 하나님과 만나는 경험, 즉 하나님과 내가 분열되었다가 거기서 만나는, 통일되는 그 순간을 의미합니다. 오늘날 공산주의와 자본주의가 분열되는 것도 다 하나님과 나와의 분열에서 나온 것입니다. 가장 근본적인 하나님과 내가 통일되면 세계가 통일이 되는 것입니다.

유명한 미국의 철학자 제임스(William James)는 과학과 종교를 통일해 보려고 자기 철학을 내놓은 사람입니다. "종교는 과학의 목적이요, 과학은 종교의 수단이다." 또한 "내가 있어서 경험이 있는 것이 아니라, 경험이 있어서 내가 있는 것이다." 우선 내가 있어서 설악산도 구경 가고 여러 가지 경험도 하는데, 그때 나라고 하는 것은 불안과 공포와 불신에 찬 나입니다. 그러나 경험이 있어서의 나, 이 경험이란 근본경험입니다. 근본경험을 가진 나는 일체의 불안과 불신과 공포를 넘어선 나입니다. 우리의 신앙의 궁극은 이 자리까지 가야 합니다. 거기까지 가지 않으면 기쁨이라는 것이 나오지 않습니다.

우리 기독교의 핵심은 '기쁨' 입니다. 빌립보서에 보면 기쁨이라는 말이 여러 번 나오는데 기쁨을 나는 "기가 뿜어 나온다"라고 합니다. 기가 뿜어 나온다는 것은 우리의 근원적인 뿌리와 내가 하나가 되는 것입니다. 전기電氣라고 하면 제네레이터와 전기가 하나가 되는 것입니다. 그런 원동력에 접하지 않으면 우리 속에서 기쁨이 나올 수가 없습니다.

요한 웨슬리가 가슴 속에 뜨거움을 느끼고서 데살로니가전서 5장 16에서 18절, "항상 기뻐하라. 쉬지 말고 기도하라. 범사에 감사하라"의 참뜻을 처음으로 알게 되었다고 합니다. 이 말은 김활란 박사가 생전에 가장 좋아했고, 그래서 김활란 박사 묘비에 그것을 새겨 놓았습니다.

하나님을 가진 사람, 요한 웨슬리는 "이 세상에서 무엇이 가장 행복한가? 하나님을 가진 것이 가장 행복하다"고 했습니다. 웨슬리는 그다음에 보헤미아에 가서, 그 사람들의 생활을 다

보고는 신비주의와 인연을 끊었다고 합니다. 왜냐하면 신비주의에 들어가면 자기도 장님이 될 것 같아서 신비주의와 인연을 끊고, 다시 옛날 지식을 살려 자신이 가진 지식과 신비주의를 합쳐 새 종교를 만들었는데, 이것이 감리교입니다. 지적인 것도 아니고 의지적인 것도 아닌, 하나의 정적인 기독교를 만든 것입니다. 진리의 기독교도 아니고, 진실의 기독교도 아니고, 진정의 기독교입니다. 사랑의 기독교입니다. 사랑에는 공포가 없습니다. 완전의 기독교입니다. 완전에는 분열이 없습니다. 불안도 없습니다. 공포도 없습니다. 불신도 없습니다.

그래서 영국의 역사가들은 영국이 공산주의를 막을 수 있었던 것은 요한 웨슬리의 덕이라고 말을 합니다. 그 말의 뜻인즉 요한 웨슬리는 가난한 사람을 찾아 국교회를 떠나 탄광의 노동자에게 처음으로 설교를 시작했고 탄광촌에 맨 처음 제1 감리교회가 서게 됩니다. 그 당시 가난한 사람을 찾아다니면서, 그 사람들의 생활을 도와주고, 그 사람들의 자녀를 교육시켜주고, 그 사람들의 병을 고쳐주었습니다. 감리교회가 있는 곳은 학교와 병원이 언제나 쫓아다닙니다. 이화대학에도 감리교회가 와서 곧 시작한 것이 학교와 병원입니다. 가난한 사람을 도와주는 것이 감리교의 전부라면 전부입니다.

웨슬리는 처음 목사가 되어 첫 월급으로 30만 원을 탔습니다. 생활비를 다 계산해보니 28만 원만 있으면 되겠기에 28만 원만 생활비로 내놓고 2만 원은 가난한 사람을 위해서 내놓았습니다. 그다음에 웨슬리가 죽게 되었을 때쯤에는 월급이 상당히 올랐습니다. 웨슬리는 88세까지 살았습니다. 정년퇴직 할 때쯤에는 120만 원쯤 월급을 받게 되었습니다. 120만 원을 받았을 때에도 언제나 28만 원만 빼고, 나머지는 전부 가난한 사람을 위해 썼다고 합니다.

또 웨슬리는 자기의 월급을 내놓는 것뿐 아니라 교인들에게도 다 같은 마음으로 협조하게 해서, 웨슬리가 일생 가난한 사람을 도와준 돈이 30억쯤 된다고 합니다. 가난한 사람을 위해서 사업장을 만드는 등 여러 가지 일을 했을 뿐만 아니라 가난한 사람을 돕기 위해서 한 주에 한 번씩 금식을 했다고 합니다. 그래서 나라에서도 감리교회의 영향을 받아서 가난한 사람들의 급식 문제를 해결해 주도록 법령도 만들게 되었다고 합니다.

감리교회란 언제나 가난한 사람을 도와주는 교회라는 것을 확인하고 지나가야 한다고 생각합니다. 감리교회는 지적, 의지적도 아닌 정적情的인 교회입니다. 사랑의 실천, 이것이 감리교회의 시작입니다.

# 교 회
1982년 9월 26일

데살로니가전서 5:16~18
　항상 기뻐하십시오. 늘 기도하십시오. 어떤 처지에서든지 감사하십시오. 이것이 그리스도 예수를 통해서 여러분에게 보여 주신 하나님의 뜻입니다.

　해방되기 10년 전, 1935년에 대학교회가 창립되어 올해로 47주년이 되었습니다. 이환신 목사님, 장석영, 김종필, 마경일, 조찬선, 한준석 목사님을 순으로 시무해 왔으며, 현재는 제가 맡고 있는데, 이 교회를 세우신 분은 김활란 박사님입니다. 세상 떠나실 때까지 교회를 위해 정성을 다하셨고, 최초부터 지금까지 나오시는 분은 이숙례 선생님이신 것 같습니다. 그 후엔 김헌규, 송옥형 장로님, 기타 여러분과 김동준 선생님도 계십니다. 지금 교회 살림은 김헌규, 송옥현 장로님과 실행위원들께서 하고 계십니다.

요전 한미 수교 백 주년 기념 모임에서 미국인으로서 백 년 동안 한국에 가장 많은 영향력을 끼친 분으로 원한경 박사님이 뽑히셨고, 한국인으로 백 년 동안 미국에 가장 영향력을 끼친 분으로는 김활란 선생님이 뽑히셨다고 합니다. 그분은 우리나라를 대표해서 태평양을 건너 국제회의에 참석하신 수만도 6십 회가 넘는다고 합니다. 6·25 때는 문공부 장관으로서 우리나라의 사정을 호소하러 다니셨으며, UN에 대표로도 가셨던 것을 여러분도 익히 아실 것입니다. 세계에 한국을 알리기 위해서 최선을 다하신 분입니다. 그러나 그런 정치적인 것보다는 미국인에게 가장 큰 영향을 끼쳤다고 생각되는 것은 그분의 믿음이라고 생각됩니다. 기독교 여성으로서 세계적인 명성과 또 다락방 상도 받으셨습니다.

김활란 박사님은 키가 다섯 자밖에 안 되는 아주 작은 여성이셨습니다. 그러나 그 속에는 우주를 삼킬 만한 큰 기개와 포부를 갖고 계셨습니다. 그분은 영생을 꼭 믿은 분입니다. 하나님을 알고 그리스도를 아는 것이 영원한 생명이라고 믿으시고 유언하시기를 자기는 장례식을 하지 말고, 하늘나라로 개선하는 음악회를 열어 달라고 하셨고 그런 연유로 장례식을 못하고 음악회를 열었습니다. 빈소가 중강당에 마련되었었는데 조문객으로 만 명이 찾아 왔었습니다. 한 사람의 죽음으로 그 많은 사람이 왔다는 것은 보통 일이 아닙니다. 하여튼 그분이 세계적으로 큰 역할을 한 것만은 틀림없는 것 같습니다.

김활란 박사님이 가장 좋아한 성경 구절이 오늘 여러분께 읽어드린 데살로니가전서 5장 16절, 17절, 18절입니다. 망우리에 있는 금란동산에 그분을 모신 묘지가 있고, 그 앞에 세운 비석은 성경처럼 돌을 펼쳐 놓은 조각으로 그곳에 데살로니가전서의 이런 글이 새겨져 있습니다. 읽어보면 "항상 기뻐하라. 쉬지 말고 기도하라. 범사에 감사하라"고 적혀 있습니다. 이 구절은 성경 말씀에도 있지만 그리스도가 우리에게 말한 "하나님의 뜻이다"라고 되어 있습니다.

이것은 감리교를 만든 요한 웨슬리가 좋아한 말씀 가운데 하나입니다. "항상 기뻐하라. 쉬지 말고 기도하라. 범사에 감사하라." 이 말씀을 다른 말로 바꾸어 말한다면 영원한 생명이란 것을 그대로 나타낸 말이라고 볼 수 있습니다. 교회가 무엇인가 하고 생각한다면 항아리 같은 것이라고 생각합니다.

금년에는 특히 과일이 잘되었는데 그중 가장 맛있는 게 포도입니다. 흔히는 우리나라는 장마가 있고, 태양열이 부족해서 잘되지 않는데, 금년엔 가물고 태양열이 많아 포도가 아주 잘되었다고 합니다. 지중해 연안에 특히 비가 안 오는 해에는 포도를 많이 따서 포도주를 담근답니다. 그 포도주들은 8백 년, 9백 년,

천 년이 가는 것도 있다고 합니다. 나는 자기가 지은 포도를 땅 속에 묻어 두고 천 년 후에 꺼내 먹어라 하는 그 마음이 참 부러워요. 우린 그렇게 하기가 쉽지 않습니다. 살아서 다 먹어 치워야지, 파묻은 후에 다른 사람이 파먹어라 하는 그 마음은 보통 마음이 아닙니다. 그 점을 봐서 불란서 사람이나 그것을 파묻을 수 있는 사람이 참 부럽습니다.

　우리는 그저 당장 먹을 것, 복숭아 같은 것은 심은 뒤에 3년이 지나야 따먹는다는데 우리는 그것도 심기 어렵습니다. 사과는 9년 지나야 따는데 그걸 어찌 기다리나. 호도는 30년이 지나야 딴다고 해서 그것을 심는 사람이 자꾸 줄어드는데 백 년이나 천 년을 내다본다는 것은 상당히 어렵지 않겠습니까.

　내가 전에 미국에 가서 짓고 있는 교회를 보았는데 꼭 3분의 2쯤 지은 교회였어요. 지은 기간을 물었더니 175년이 걸렸다고 합니다. 앞으로 백 년을 더 예상하고 있다고 했습니다. 집을 하나 짓는 것도 백 년에서 2백 년을 짓는 그 점에서 우리는 서양 사람에게 배울 점이 있지 않나 생각됩니다.

　유럽에는 2백 년에서 3백 년이 걸려 지은 집이 많다고 합니다. 그들은 싸움을 해도 백 년이나 하는 백년 전쟁, 삼십년 전쟁도 있습니다. 우리는 7, 8년 하는 임진왜란도 어려움이 컸었는데 전쟁을 해도 백 년이나 하는 끈질김이 앞으로 민족을 이어 나가는 저력에서 필요하다고 생각합니다. 우리도 영원한 미래를 생각하면서 앞으로 천 년 후에 우리 교회는 어떻게 될까 하는 것도 생각해 볼 줄 알아야 되겠습니다.

포도를 따서 잘 씻어 항아리에 밀봉해 넣고 2, 3개월이 지나면 발효가 되어서 천 년이 가도 아무 이상이 없다고 합니다. 포도로는 1주일만 지나면 물컹해지는데, 포도주가 되면 천 년, 만 년이 가도 썩지 않습니다. 썩어질 것을 심어서, 썩지 않는 것을 찾는 것이 우리 기독교입니다. 썩을 것을 심어서 썩지 않는 것으로 거둔다고 하는 것이 부활입니다. 고린도전서 15장에 그런 말씀이 있습니다. 썩을 것을 심어서 썩지 않는 것을 거두는 포도는 밀봉해 놓으면 발효가 되어 그 속의 모든 균이 다 죽어 영원히 썩지 않습니다. 그 속에서는 아무 균도 없는 깨끗한 포도주가 됩니다.

기독교의 진리는 별것이 아니라 '나'라고 하는 포도를, 그리스도라고 하는 항아리에 넣어 발효시켜 다시 죽지 않는 '나', 영원한 '나'로 바꾸어 놓는 것이 기독교입니다. 고린도후서 5장 17절에서 "너희가 그리스도 안에 있으면 새로운 피조물이니 보라, 옛 것은 지나가고 새 것이 되었도다." 즉 포도가 포도주가 되었다는 것, 바로 그것입니다. 포도주가 되려면 그리스도란 항아리에 밀봉해야 됩니다. 그렇지 않으면 썩고 맙니다. 발효균은 포도에도 있고, 공기 속에도 있어서 그 속에서 부패되어 다른 균을 다 잡아 먹고 마는 것입니다. 그래서 포도주란 깨끗한 술이 됩니다.

우리가 흔히 '그리스도 안에' 라는 말을 하는데 그것은 바로 교회를 뜻하는 것입니다. 그리스도는 교회의 머리요, 교회는 그리스도의 몸이기에 그래서 제일 중요한 것은 우리 자신을 그리스도 안에, 교회 안에 밀봉 시키는 것입니다. 교회의 발효균이란 성령의 역사, 즉 하나님의 말씀에 의해 발효되는 것입니다. 부글부글 끓는 하나님의 말씀에 열중하는 것입니다. 여러 군데 교회를 다녀 보다가 자기에게 맞는 교회에 밀봉되어지는 것이 중요합니다. 나는 서울에 와서 다른 교회는 잘 모릅니다. 전엔 대신교회에, 현재는 이 교회에 밀봉되어 있습니다. 한 교회에 밀봉하여 하나님의 말씀에 열중하는 것이 좋습니다.

하나님의 말씀, 신구약을 될 수 있으면 한 번 이상을 신문 보듯 읽고 — 마태복음은 신문 한 장 정도밖에 안 됩니다 — 하나님 말씀이 어떤 것인지 윤곽을 잡도록 열중하다 보면 나중엔 자기에게 가장 중요한 말이 정리되면서 한마디로 추려지는데, 김활란 박사에겐 추려진 한마디가 데살로니가전서 5장 16절에서 18절이었습니다. 그 한마디를 따라 외면 그 외의 것은 소용없고, 그 한마디를 자꾸 생각하다 보면 나중엔 터져 나옵니다. 그 한마디에 의해 바로 진리를 깨닫게 되는 것입니다. 그 진리가 하나님의 말씀인데 그것이 깨져 나오는 때가 포도가 포도주로 되는, 즉 발효하는 때입니다. 그 깨져 나온 말이 자기 속에 들어가 내 생명이 되고, 내 속에 있는 그리스도가 되는 것입니다. 그 생명을 가지고 살게 되는 것이 영원한 생명입니다.

포도가 발효가 되어 술이 되듯이, 말씀이 내 속에 들어가 생명이 됩니다. 그것이 영원한 생명입니다. 그리스도 안에서, 항아리 안에서, 성령의 역사로 발효가 되어 술이 되는, 즉 하나님의 자녀가 되는데 그것이 바로 성부와 성자와 성령의 삼위일체입니다. 술이 되면 그 속에 항상 기쁨이 있습니다. 그래서 항상 기뻐하라는 것입니다.

발효한다는 것은 기도한다는 것입니다. 포도를 항아리에 넣는 것이 범사에 감사하라는 것입니다. 밥을 먹는 것은 항상 감사해서 식기도 하는 것입니다. 포도를 항아리에 넣는 것이 감사이고, 발효한다는 것은 기도이고, 기도란 하나님께 무엇을 달라는 것이 아니고, 자꾸 말씀을 깨닫는 것이 기도입니다. 진리를 깨닫기 위해 최선을 다해 탁 깨달아지는 그때가 술로 변하는 때입니다. 깨달아지면 하나님의 말씀이 내 생명이 되고 맙니다. 그것이 영원한 생명이 되고, 그곳에서 기쁨이 터져 나오게 됩니다.

기쁨이라고 우리가 말할 때, 즉 발효해서 하나님의 자녀가 될 때 기쁘지 않을 수가 없습니다. 성령의 열매는 사랑과 기쁨과 희락이라 했는데 기쁨은 기독교의 특징입니다. 술을 먹으면 기쁘게 되는데 성경에서도 성령의 새 술을 마시고 너희가 기뻐하라고 했습니다.

　나는 예수라고 하지 말고 예술이라고 하고 싶습니다. 인생은 짧고 예술은 길다고 했는데, 예술을 하게 되면 생명이 길어집니다. 사람이 결국 무엇이 되나 하면 육체적 생명이 영적인 생명으로 바뀌게 됩니다. 육체적 생명은 썩을 것인데, 이 썩어질 생명이 그리스도 안에 밀봉만 해두면 발효가 되어 영적인 생명으로 바뀌게 됩니다. 바뀌면 생사를 초월하게 되고, 죽어도 살고, 살아도 영원히 산다는 믿음이 생기는데 이 믿음으로 살면 아무 걱정도 없게 됩니다.

　복 받는다는 것이 무엇입니까. 죽어도 아무 걱정이 없다는 바로 그것입니다. 예수는 내일 나무에 못 박힌다 했어도 "너희는 근심하지 말라. 하나님을 믿으니 나를 믿으라." 예수는 죽는 게 아니고 영원한 생명입니다. 그런 영원한 생명이 어떻게 되느냐. 별것이 없고 그리스도 안에 밀봉하여 발효가 되어 하나님의 자녀라는 술이 되는, 그 길밖에 없습니다. 그런 근본 경험을 해야만 합니다. 이 교회 속에 밀봉이 되어 하나님의 말씀으로 발효가 되어서 하나님의 거룩한 생명을 갖게 되는, 그런 근본경험이 있어야 합니다.

　교회에 와서, 하나님의 말씀에 열중해서, 그 하나님 말씀 속에서 이건 내 말이라고 하여 깨달아 보니, 어떤 뜻이 있어 그것으로 살아보자 하는 것이 주체적인 진리입니다. 성경을 밤낮 끼고 다녀도 소용없고, 성경 없이 그 책에서 한 마디만 주체적 진리로 뽑아가지고 살면 그걸로 훨훨 날아다닐 수 있는 것입니다. 즉 자유인이 되는 것입니다. 자연인이라는 포도가 변해서, 자유인이라는 술이 되는 것입니다. 발효가 되어 술이 된다는 것은 자유인이 되는 것인데 아무 걱정 근심이 없어집니다. 마음이 편하고 기쁘고 즐겁게 살 수가 있습니다. 내일 죽는다고 해도 아무렇지 않습니다.

난 요새 흰머리가 자꾸 생기는데 아무렇지가 않습니다. 겉사람은 황폐해도 속사람은 자꾸 새로워집니다. 김동길 선생님이 갑자기 부산에 가시게 되어 내일 설교해라 해도 아무렇지 않습니다. 오늘 아침에 간다 해도 걱정할 것 없습니다. 왜냐하면 할 것 없다 하면 그만이 아닙니까. 오늘 할 말이 없어서 그만 두겠다 하면 됩니다. 망신스럽지 않느냐고 하지만 뭘 걱정입니까. 한 번은 대신교회에서 설교를 하라 했는데 교회에 가서 의자에 앉아 있어도 설교할 말이 떠오르지 않아 할 수 없이 그날은 설교를 못했습니다. 그런데 사람들이 그날에 제일 은혜 받았다고 합니다. 이런 것이 교회입니다.

교회는 걱정이 없는 곳이듯이 인생도 마찬가지입니다. 포도가 되어서 걱정이지 술이 되면 아무 걱정이 없어요. 천 년이 가도, 죽는다 해도 걱정이 없어요. 교회생활을 통해 경험해야 됩니다. 날더러 믿음이 있냐고 묻는데 믿음은 없어도 교회 다니는 것밖에 없다고 말합니다. 파스칼은 믿음이란 꿇어 엎드리는 것이라 했습니다. 나의 믿음은 교회 다닌 것밖에 없어서 이다음에 하나님이 넌 왜 믿음이 없느냐고 물으면 전 교회 다닌 것밖에 없다고 말할 겁니다.

젊은 학생들이 교회 안 다니는 것 보고 너희는 무슨 재미로 사느냐고 묻습니다. 교회에 다니면 배울 것이 많습니다. 사람은 계속 배워야 됩니다. 논어에 "학이시습지 불역열호學而時習之 不亦說乎"라. 배우는 것처럼 즐거운 게 어디 있습니까. "유붕자원방래 불역낙호有朋自遠方來 不亦樂乎"라. 사람 만나는 것처럼 즐거운 게 어디 있느냐. "인부지이불온 불역군자호人不知而不慍 不亦君子乎"라. 사람이 날 몰라 줘도 하나님이 알아 주니 걱정 없다는 논어 1장 1절이 있는데 우리 교회에 와서 배울 것이 없으면 다른 교회에 가라고 말합니다. 배울 것이 없이 우두커니 와 있으면 손해입니다. 교회에 가면 한마디라도 배울 것이 있어야 합니다.

난 일생 교회에서 많이 배웠습니다. 신학교에 갔는데 교회의 목사님에게서 더 많이 배웠습니다. 평생 교회에서 산다는 것은 배우며 산다는 것입니다. 배움 속에 즐거움이 있고, 사람의 즐거움 가운데 90%는 아는 즐거움입니다. 요전에 법열法悅이란 말을 했지만 아는 즐거움이 가장 큽니다.

교회란 배워서 좋고, 아는 사람을 만나서 좋습니다. 우리 교회에 대구에서 오는 사람이 있는데 아마 제일 멀리서 오는 분이 아닌가 합니다. 영락교회에 가보면 평안북도 사람이 많이 옵니다. 그래서 평안북도 사람을 만나고 싶으면 그 곳에 가면 됩니다. 주일에 다 만날 수 있는 곳이 교회이고, 교회에 가서 아는 사람 만나는 게 큰 즐거움입니다.

지금껏 여러 사람을 다 교회에서 사귀었는데 안병무도 그 중 한 분입니다. 여러분 중에서 급한 일이 생기게 되면 교회에서 사귄 사람이 제일 좋습니다. 여러분도 아는 사람과 같이 오는 게 좋고, 다방서 만나지 말고 교회에서 만나도록 하십시오. 아는 사람이 많은데, 멀리서 그분을 보면 기분이 참 좋고, 어떤 이는 날보고 돌아서 가는데, 서로 보며 웃고 가는 것이 인생 사는 데 재미있잖습니까.

교회에 와서 좋은 세 가지는 배울 것이 있다는 것, 사람을 만난다는 것, 자꾸 성숙해지는 것이고, 이것이 없다면 교회생활이란 것은 비참하고 가치가 없습니다. 교회에 와서 생명의 샘이 흐르는 기쁨을 느껴야 오게 됩니다. 난 음악회에 별로 안갑니다. 우리 찬양대 노래가 제일 즐겁습니다. 집안 어린애 노래 소리가 제일 좋습니다. 찬양대 노래만 듣고 음악회 가지 않아도 족합니다. 우리 찬양대가 오늘 특별히 세 번 노래를 부르게 됩니다.

일생을 살아도 교회처럼 좋은 데가 없습니다. 다른 데는 다

이기적·영리적·타산적이고 돈 내라고 야단인데 교회만은 타산적이 아닙니다. 물론 우리도 헌금을 하지만, 그것은 영리가 아닙니다. 가난한 사람을 도와주고, 하나님께 무얼 바치는 마음씨를 훈련하는 것을 배우자는 것이기 때문입니다.

헌금은 하나님께 바치는 훈련을 위해서 하는 것이지, 하나님이 그 돈으로 뭘 하시겠습니까. 돈 줘도 어디 갖다 줄지 몰라 고민입니다. 요전에 금반지 하나를 받았는데 누굴 줄지 곤란해요. 고아가 결혼할 때 주려고 합니다. 언젠가 누가 30만 원을 주면서 가장 불쌍한 사람을 위해 써 달라고 한 적이 있어요. 교회라는 데는 이기적이 아닙니다. 돈을 내놓으면서 불쌍한 사람 좀 도와달라는, 그런 사람이 가끔 있습니다. 난 이럴 때 언제나 고민을 합니다. 고아원으로 보내지만 나로선 참 어렵습니다. 이렇게 해서 나라고 하는 것을 없이하는, 그런 바탕을 우리가 기를 수 있지 않나 하는 생각이 듭니다.

세상 모든 단체가 영리적이지만, 교회만은 그렇지가 않습니다. 여러분이 헌금할 것이 없으면 안 해도 됩니다. 이 교회라는 곳은 남을 생각하는 곳이지, 나라고 하는 것은 없는 곳입니다. 내가 없어지는 곳이 교회입니다. 내가 없어지는 것은 큰 나가 되기 위해서입니다.

포도가 없어지는 것은 포도주가 되기 위해서 없어지는 것입니다. 결국 변하는 것입니다. 거듭나는 것입니다. 부활하는 것입니다. 부활해서 결국 포도주 같은 영원한 생명이 되는 것입니다.

교회는 밀봉된 항아리요 말씀입니다. 성령이 충만한 교회, 말씀이 풀리는 교회, 그것이 교회의 기본입니다.

# 무한과 허무 사이에서

1982년 10월 24일

에베소서 3:14~19

하나님의 신비가 얼마나 넓고, 길고, 높고, 깊은지를 깨달아 알고, 인간의 모든 지식을 초월한 그리스도의 사랑을 알 수 있게 되기를 바랍니다.

오늘은 〈무한과 허무 사이에서〉라고 제목을 붙였습니다. 파스칼의 『팡세』 72번에 나오는 말인데, 이 말은 파스칼의 철학의 핵심이라고 할 수 있습니다.

이 무한과 허무라고 하는 것은 결국 울릉도 같은 섬처럼, 위로는 높은 산이 있고, 아래로는 깊은 바다가 있는, 그런 틈 사이로 길이 난 데가 무한과 허무 사이라고 할 수 있습니다. 한편에는 천인절벽이 솟아 있고, 또 한편에는 깊은 바다가 있고, 그런 틈새로 가는 길을 생각해 보면 '무한과 허무 사이'라고 하는 것을 조금 연상할 수 있겠습니다.

파스칼은 이런 생각 때문에 현대철학과 통하는 데가 있습니다. 결국 이 우주가 무한한가, 우주가 유한한가에 대해서는 여러 가지 논란이 많습니다. 데카르트와 파스칼의 대논란이 있었는데 그 가운데의 문제 하나도 이것이었습니다. 우주가 유한한가, 무한한가? 데카르트는 무한하다는 것이고, 파스칼은 유한하다고 했습니다.

희랍시대, 고대는 우주를 무한하다고 생각했습니다. 또 중세가 되어서는 이 우주를 유한하다고 생각했습니다. 그런데 또 근세가 되어서는 다시 우주가 무한하다고 했습니다. 그러다가 현대에 와서 다시 우주가 유한하다고 합니다. 그러니까 이 우주가 유한한가, 무한한가 하는 것이 학자들 간에는 아주 중요한 문제입니다.

그러나 우리 기독교의 입장은 언제나 우주가 유한하다고 하는 입장을 취하고 있습니다. 그건 왜 그런가 하면 하나님께서 우주를 창조하셨으며 우주는 하나님 안에 있기 때문에 이 우주는 유한하다고 하는 것이 중세기 기독교인들의 신앙입니다. 현대에 와서 우주가 유한하다고 하는 것은 아인슈타인이 우주란 타원형처럼 생겼는데, 그 직경이 360억 광년이라고 해서 우주가 유한하다는 것을 수학적으로 증명을 했고, 그로 인해 요즘은 우주가 유한하다고 하게 됐습니다.

그런데 요는 우주가 유한한가, 무한한가 하는 말을 신앙적으로 생각할 때 무한하다고 하는 데는 허무가 뒤따른다는 것입니다. 그렇기 때문에 무한의 '한限'은 한계인 것으로, 유리병으로 말한다면 막힌 것입니다. 막힌 데가 없다면 아무리 무엇이 자꾸 들어가도 그냥 술술 빠져 나가는 거지요. 그러므로 결국 이 병 속에는 아무것도 남지 않으니 허무가 되고 마는 겁니다. 그러나 이것이 유한이 될 때는 밑이 막혀 있기 때문에 이 속에는 충만이 있을 수 있습니다. 신앙의 생활이라고 하는 것은 충만의 생활이기 때문에 기쁨이 충만하다든가, 하나님의 은혜가 충만하다든가 무엇이든 이런 충만한 생활을 하기 위해서는 유한하지 않을 수가 없습니다.

요즘은 시간이 유한한가, 무한한가를 따질 때, 시간이 무한하다고 할 때는 그것을 그저 '시간'이라고 하고, 시간이 유한하다고 할 때는 그것을 '시간성時間性'이라고 합니다.

우리 기독교의 시간은 시간성입니다. 이것은 어거스틴으로부터 시작된 시간입니다. 우리의 일생이 유한한가, 무한한가. 확실한 사실은, 우리의 일생은 유한하다는 것입니다. 유한하지만 우리가 거의 유한하다는 생각을 하지 못하고 살아가는 것뿐입니다. 그냥 무한한 것처럼 살아가면 그건 '시간'이고, 확실히 유한한 것을 자각하고 살아가면 그건 '시간성'이 되지요.

우리가 일생 80을 산다고 해도 3만 날밖에 되지 않습니다. 우리가 돈 3만 원을 쓰자면 얼마나 헤픕니까. 우리의 일생이 고작 3만 날밖에 되지 않습니다. 그런데 또 우리의 이 3만 날도 그 3만 날을 자각 못한 채 마치 영원히 사는 것처럼 생각하며 살게 됩니다. 그렇게 자각 없이 사는 시간을 '시간'이라 하고, 자각을 가지고 사는 시간을 '시간성'이라 합니다. 시간성이란 자각을 가지고 사는 것입니다.

에베소서 3장은 하나님의 섭리가, 하나님의 경륜이, 하나님의 우주가, 하나님의 세계가 얼마나 높고, 얼마나 깊고, 얼마나 넓고, 얼마나 긴지, 그것을 확실히 깨닫고 한계를 가지라는 말입니다. 확실히 깨닫고 그 속에 하나님의 성령, 하나님의 은혜, 하나님의 사랑을 가득 채워서 가지는 사람들이 되라. 그래서 내적 인간이 되어 그 속에 그리스도가 사시는, 그런 사람이 되라는 것이 에베소서 3장 14절에서 19절까지의 말씀입니다.

기독교의 인생관 내지 우주관이란 언제나 길이와 넓이와 높이와 크기가 한정이 되어서, 계시록 같은 데서는 그리스도께서 갈대 지팡이를 가지고 그것을 잰다고 했습니다. 몇 자다, 몇 자다라는 확실한 한계를 가지고 그 속에서 충만한, 넘치는 생활을 하라는 것이 곧 파스칼의 '무한과 허무 사이'라는 말입니다. 무한에서 살지도 말고, 허무에서 살지도 말고, 무한과 허무 사이에서 유한과 충만 속에서 살라는 그 소리입니다. 유한과 충만

속에서 사는 것, 그것이 곧 허무와 무한 사이에서라는 말입니다.

옛날 연금술 하던 때에 여러 가지를 섞다보니 화약을 만들어내기도 했습니다만 사실은 그 여러 가지를 섞어 결국 무엇을 만들려고 했는가 하면 금입니다. 그것이 소위 연금술입니다. 그런데 어떤 사람이 여러 가지를 섞어 이상한 물질 하나를 만들어냈습니다. 그 물질은 가서 닿기만 하면 무엇이나 금으로 변하는 것이었습니다. 그래서 이 사람은 그것을 가지고 강가의 자갈이 많은 곳으로 가서 자갈 하나를 딱 맞히면 그 자갈은 금이 되었습니다. 또 하나를 딱 맞히면 금덩어리가 되고 또 맞히면 금덩어리가 되고 그렇게 자꾸 맞힙니다. 그 얼마나 신이 나겠습니까.

그런데 얼마 후 어떤 이가 그 강가를 지나가는데 그 강가에는 하나의 해골이 하얗게 누워 있더라는 얘기가 있습니다. 무한히 금을 만들어가다 맨 마지막에 남은 건 무엇인가. 해골 하나입니다. 이것이 무한과 허무입니다. 무한에서 허무가 나오고, 허무에서 무한이 나온다는 말도 있고, 또 파스칼은 위대에서 비참이 나오고, 비참에서 위대가 나온다는 말을 했습니다. 그러나 이 무한과 허무는 언제나 같이 있는 겁니다. 이 무한과 허무를 벗어나서 유한과 충만에서 사는 삶, 이것이 신앙의 삶입니다.

동양인들은 유한과 충만을 '중정中正'이라는 말로 표현했습니다. 그래서 동양의 모든 사상의 핵심은 역시 중정이라고 하는 데에 있습니다. 중中이란 충만하다는 것, 정正이란 유한하다는 것입니다.

그래서 언제나 우선은 병의 밑바닥을 막아놓고 나서야 물을 가득 채워야지, 밑을 막지 않고 병을 채우려면 허무밖에 남은 게 없다. 인생에 있어서 어떻게 해서 이 병의 밑바닥을 막느냐. 다른 길이 없습니다. 하나님을 만나기 전에는 우리 인생의 밑바닥은 막히지 않습니다. 우리 인생의 밑바닥이 뚫린 것을 우리는 욕심이라 합니다. 욕심이란 골짜기이고, 욕심이 잉태하면 죄를 낳고, 죄가 잉태하면 사망을 낳는다고 했는데, 욕심이라는 그 뚫린 밑바닥이 하나님을 믿는 믿음 없이는 막히지 않습니다.

파스칼은 하나님에게 부딪친 자만이 이 유한을 이해할 수 있다고 했습니다. 하나님에게 부딪치지 않으면 인생은 계속 내일 죽으면서도 마냥 무한에 사는 줄로 생각할 뿐입니다. 하나님께 부딪친 사람만이 유한을 생각할 수 있습니다.

인생이 3만 날밖에 못 산다는 것, 인생 전체가 그럴진대 나 이제 얼마나 더 살겠습니까. 며칠 못 사는 거지요. 이렇듯 유한한 인생을 우리가 살지만 이 유한한 인생 속에 충만이 있다는 것, 기쁨이 있다는 것, 무한한 인생 속에는 슬픔이 있고 비극이 있지만 그러나 유한한 인생 속에는 기쁨과 충만이 있다는 것, 이것을 우리가 알아야 합니다.

우리가 어디를 간다 해도 무턱대고 가는 것이 아니라 정해 놓고 가야 거기에 충만이 있지, 그저 어딘지 모르고 그냥 간다면, 가면 갈수록 허무할 뿐 충만이란 있을 수 없습니다. 언제나 유한이라는 걸 딱 정해 놓고 가야, 거기에 보람이 있고, 충만이 있습니다. 인생의 목적을 꼭 정해 놓고 살아가야지 목적 없이 그저 사는 인생이란 허무하고 뜻이 없습니다. 그래서 이 한계를 정한다고 하는 것이 상당히 중요합니다. 그런데 이것은 하나님을 만나기 전에는 안 됩니다. 파스칼의 말대로 하나님을 만나기 전에는 유한을 생각하지 못합니다. 생각하기 참 어렵습니다.

믿지 않는 사람이란 무엇입니까. 자기가 영원히 산다고 생각하는 사람이 믿지 않는 사람입니다. 그럼 믿는 사람이란 무엇입니까. 자기는 며칠 있다가 간다는 것을 생각하는 사람이 믿는 사람입니다. 언제나 한계를 딱 막고, 유한 속에서 충만을 생각할 수 있도록 해야겠습니다.

그러면 어떻게 해야 이 유한과 충만을 살 수 있나. 파스칼은 "미래는 무한하고, 과거는 허무하다. 고로 미래에도 살지 말고, 과거에도 살지 말고, 오늘에 사는 것, 이것이 유한하고 충만한 것이다"라고 했습니다. 나는 이 말이 참 좋습니다. 미래는 아직 오지 않았으니까 무한합니다. 과거란 지나가 버렸으니 허무합니다. 미래에 살지 말고, 과거에 살지 말고, 오늘에 사는 것, 이것이 유한하고 충만한 것입니다. 여러분이 이 한마디를 알고 살면 인생이란 참 행복하다고 생각합니다.

젊은 사람들은 자꾸만 내일, 내일 하는데 내일 또 있다는 생각을 절대 말고, 늙은 사람은 어제, 어제 하는데 그 어제 생각도 말고, 언제나 인생이란 오늘에 있다는 것, 오늘을 충실하게 산다는 것을 생각해야 합니다. 그래서 나는 늘 오늘의 '오' 속에는 오! 감탄사가 있고, '늘' 속에는 영원이 있다는 것을 생각합니다. 오늘 속에 영원이 있고, 오늘 속에 영원을 사는 것, 그러면 어떻게 해야 오늘을 충만하게 살 수 있나. 옛날부터 법은 하나입니다.

성 프란시스가 죽을 때 그의 제자들이 몹시 울었답니다. 그랬더니 성 프란시스가 묻기를 "너희들, 왜 그리 슬퍼하느냐" 하니 제자들이 "섭섭해서 못 견디겠습니다"고 했습니다. 성 프란시스는 한 제자를 붙잡고 그러면 "너는 내가 얼마를 더 살기를 원하느냐"고 했더니 그 제자는 "선생님, 저는 선생님이 지금 산 만큼 더 살아 주셨으면 좋겠습니다"라고 했습니다. 그랬더니 "너는 내 껍질을 얻었다"고 했습니다. 그다음 다른 제자를 보고 너는 내가 얼마를 더 살기를 바라느냐고 했더니 그 제자는 "선생님, 1년만 더 살아 계시기를 바랍니다"고 했습니다. 그랬더니 성 프란시스는 "너는 내 살을 얻었다"고 했습니다. 그다음에 또 한 사람을 보고 "너는 내가 얼마나 살기를 바라느냐"고 물었더니 "선생님, 하루만 더 살아 주셨으면 좋겠습니다"라고 대답했습니다. 그랬더니 "너는 내 피를 얻었다"고 했습니다. 맨 마지막에 그의 수제자에게 물으니 "선생님, 그저 한 시간만 더 살아주셨으면 좋겠습니다"라고 했는데 그에게 "너는 내 골수를 얻었다"라고 말한 후에 한 시간을 더 살아서 무엇을 하는가고 다시 물으니 그 제자가 "선생님과 같이 마지막으로 한번 예배를 보고 싶습니다"라고 했다고 합니다. 그때 "그렇다면 예배를 보자"해서 찬송을 부르고 기도를 하고, 성경을 보고, 설교를 하고 그게 끝나자 성 프란시스는 죽었다고 합니다.

자, 이 이야기를 잘 생각해 봅시다. 80년을 더 원한 사람은 껍데기밖에 못 얻었어요. 그런데 1년을 더 원한 사람은 살을 얻었고, 하루를 더 원한 사람은 피를 얻었어요. 한 시간을 더 원한 사람은 골수를 얻었어요. 가장 핵심적인 것을 얻은 것이지요. 그래서 한 시간을 가지고 무엇을 하느냐 했더니 한 시간 동안에 찬송과 기도와 성경과 설교를 했다. 이것은 무엇을 말합니까?

찬송과 기도와 성경과 설교, 나는 이것을 춘하추동이라 봅니다. 가을과 겨울과 봄과 여름이라, 찬송은 가을, 기도는 겨울, 성경은 봄이고, 설교는 여름입니다.

이 춘하추동은 하루 속에도 있습니다. 저녁때는 가을, 밤에는 겨울, 아침은 봄, 점심때는 여름입니다. 1년에 춘하추동이 있는 것은 말할 것도 없습니다.

일생에도 춘하추동이 있습니다. 어린아이는 봄, 젊은이들은 여름, 장년들은 가을, 저는 이미 12월에 들어갔습니다. 저는 벌써 겨울에 됐으니 눈이 많이 왔습니다. 일생 속에도 춘하추동이 있습니다. 1년 속에도 춘하추동이 있습니다. 하루 속에도 춘하추동이 있습니다.

우리가 예배 보는 한 시간 속에도 춘하추동이 있습니다. 나는 언제나 찬송을 힘차게 부르자고 합니다. 기도는 깊이 하고, 성경은 밝게 보며, 설교는 넓게 하자. 이것은 춘하추동 때문입니다.

우리가 하루 속에서, 일 년 속에서, 일생 속에서, 한 시간 속에서 춘하추동을 확실히 가지면 내일도 어제도 없어집니다. 인생은 영원한 하루가 됩니다. 우리는 하루를 살고 죽는 겁니다. 일 년을 살아도 하루를, 일생을 살아도 하루를, 하루를 살아도 하루를, 한 시간을 살아도 하루를 사는 겁니다. 하루 속에 영원이 있습니다. 그러니 하루만 살면 일 년을, 백 년을, 천 년을 살아도 마찬가지입니다.

춘하추동은 다 꼭 같습니다. 봄 한 번 보고, 여름 한 번 보고, 가을 한 번 보고, 겨울 한 번 보면 그 이상 없습니다. 그러니 우리가 아침을 정성스레, 점심을 정성스레, 저녁을 정성스레 살 수만 있다면 하루 사는 걸로 족합니다. 이틀 살 필요가 없지요. 내일을 살지 말고, 어제도 살지 말고, 오늘 하루를 정성스럽게 산다는 것, 저녁때면 저녁으로서, 밤이면 밤에, 아침은 아침에, 점심이면 점심에 정성스럽게 사는 이것이 충만한 삶입니다. 그 이상 다른 것이 없습니다. 그렇게 살면 유한 속에 충만이 있습니다.

이 유한 속의 충만이 제일 보기 좋게 나타나는 것은 사과입니다. 감도 좋지요. 감 한 알 속에는 단물이 꽉 차 있습니다. 껍질은 반짝반짝합니다. 그래서 옛날 사람들은 '충만이 광휘'라고 했습니다. 속은 꽉 차 있고, 껍질은 반짝반짝 빛나는 것, 이것이 인생의 가장 아름다운 모습입니다. 잎사귀는 얼마든지 있습니다. 꽃은 떨어집니다. 무한과 허무입니다. 그러나 열매만은 유한하고 충실합니다. 그래서 옛사람들은 "마음과 몸은 다 떨어져 나가도 오직 열매만은 영원히 참되다[心身脫落塵唯有一眞實]"라고 했습니다. 마음과 몸이라고 하는 꽃 잎사귀는 다 떨어져 나가고 오직 하나 남은 것은 하나님 앞에 도달하는 진실뿐입니다. 우리는 그 진실을 '영'이라고도 합니다.

몸과 마음은 다 떨어져 나갔는데도 하나님 앞에 가서 설 수 있는 사람, 겉사람은 다 떨어져 나가도, 속사람은 날로날로 새롭다는 그 속사람, 에베소서 3장에서 "너의 속사람을 살리기 위해서 그 속에 언제나 그리스도가 살아 계시도록 하라"는 그 속사람이지요. 열매만은 영원히 살아서 명년이 되면 또 싹이 트니 영원한 생명이요, 진실이지요.

기독교 중에서 가장 중요한 게 무엇인가 하면 '아멘'이라는 겁니다. 아멘, 진실이라는 말입니다. 그 진실밖에 없어요. 마음과 몸은 다 떨어져 나가도 나중에 하나님 앞에 가서 설 수 있는 그 속사람, 이것만은 진실입니다. 이 진실이 어디서 자라나오나. 오늘 속에서 자랍니다.

어제는 허무한 겁니다. 그러나 이 오늘 속에서 우리가 찬송과 기도와 성경과 설교를 정성스레 하여야 합니다. 여러분이 나가서 일하는 것, 그것이 설교요, 여러분이 아침에 깨어서 생각하는 것, 그것이 성경이요, 여러분이 밤에 깊이 자는 것, 그것이 기도요, 여러분이 저녁때 맛있게 먹는 것, 그것이 찬송입니다. 찬송과 먹는 것이 둘이 아닙니다. 자는 것과 기도가 둘이 아닙니다. 깨는 것과 성경이 둘이 아닙니다. 낮에 일하고 설교하는 것이 둘이 아닙니다.

어떻게 보면 우리 생 전체가 하나의 영원한 생명입니다. 이 생 전체가 하나의 찬송이요, 기도요, 하나의 성경이고, 설교입니다. 80년을 살아도 그것입니다. 일 년을 살아도, 하루를 살아도, 한 시간을 살아도 마찬가지입니다. 우리가 80년을 살아도 하나님을 찬송하고, 하나님께 기도하고, 하나님 앞에서 성경을 보고, 하나님 앞에서 말씀을 전하고 사는 겁니다. 일 년을, 하루를, 한 시간을 살아도 그것입니다. 이 하루, 한 시간, 일 년, 결국 하나 속에 우리의 영원한 생명이 있습니다. 그래서 파스칼의 '무한과 허무 사이에' 라는 말이 나는 참 좋습니다. 무한도 아니고 허무도 아닌, 이 사이에서, 유한과 충만에서, 그것이 참이고 진실입니다.

대개 가만히 보면 이 네 가지를 정성껏 사는 사람이 참 드뭅니다. 먹는다고 할 때 먹는 것을 정성껏 먹으면 무얼 먹든지 전부가 성만찬입니다. 또 자는 것을 정성스레 자면 어떤 잠이든 다 기도입니다. 깨는 것도 무슨 깸이든 정성스레 깨면 다 성경이요, 내가 일하는 것을 정성스레 하면 무슨 일이든지 다 전도입니다. 전도가 따로 없습니다. 우리가 하는 일 전체가 전도입니다. 내가 하는 일을 보고 다른 사람이 내가 하나님 자녀임을 아는 것입니다. 우리 하는 행실 전체가 하나님 영광을 드러내는 전부입니다. 그래서 우리 삶과 예배가 하나가 되어서 예배가 곧 삶이요, 삶이 곧 예배가 될 때 그것이 곧 우리가 참 사는 것입니다.

'무한과 허무 사이에' 란 이 말이 참 좋습니다. 파스칼의 말 가운데서 나는 그 말이 제일 좋습니다. 무한과 허무 사이에서, 유한과 충만 속에서 우리가 사는 겁니다. 이런 삶을 살면 추워도 별로 춥지 않습니다. 우리가 6·25 동란 후 피난 갔다 올라와서 예배 볼 때는 겨우내 불을 못 땠습니다. 함석헌 선생이 세브란스 앞에서 이사야서를 강의할 때도 겨우내 불을 못 땠습니다. 그래도 그때 2백 명쯤 모였는데 불을 안 피웠다고 해서 결석하는 사람은 없었습니다.

　요사이 보면 그때 거기 나오던 얼굴들이 여기저기 교회에서 많이들 일하고 있습니다. 역시 그때 나오던 사람들, 안병무, 김동길 같은 이들이 지금 교회에서 열심히들 뛰고 있습니다. 그때 YMCA에서 모일 때도 겨우 내내 불을 못 지폈습니다만 지금 생각해보면 그때 모이던 모임처럼 우리에게 좋은 모임은 없었습니다. 역시 외적인 조건이 좋지 않을 때 우리는 더 깊이 깰 수가 있는 것 같습니다.

하루를 사는 사람
김흥호 사상 전집·기독교 설교집 5

지은이 | 김흥호
발행인 | 최정식
기획 편집 | 임우식·이경희

1판 1쇄 발행 | 2009년 12월 4일

발행처 | 사색 출판사
주소 | 서울 중앙우체국 사서함 206호
전화 | 070-8265-9873  팩스 02-6442-9873
홈페이지 | www.hyunjae.org
이메일 | hyunjae2008@hotmail.com
인쇄 | (주)약업신문

Copyright ⓒ김흥호, 2009, *Printed in Korea*
ISBN  978-89-93994-05-6    04080
ISBN  978-89-93994-00-1   (세트)

*이 책은 〈김흥호 사상 전집〉 제5번째로 출판되었습니다.
*저자와의 협의에 따라 인지는 생략합니다.
*잘못된 책은 바꿔드립니다.
*이 도서의 국립중앙도서관 출판시도서목록(CIP)은 e-CIP 홈페이지
http://www.nl.go.kr/cip.php에서 이용할 수 있습니다.(CIP제어번호: CIP2009003594)